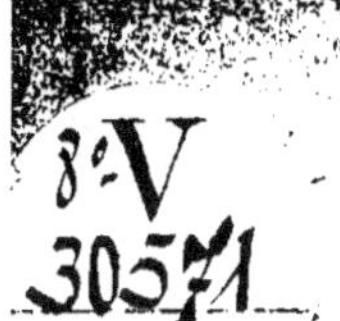

MARCEL POËTE

CONSERVATEUR ADJOINT DE LA BIBLIOTHÈQUE DE LA VILLE DE PARIS

LES
PRIMITIFS PARISIENS

ÉTUDE

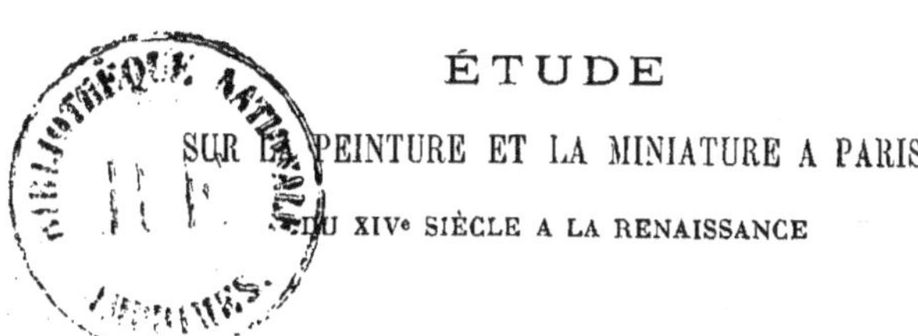

SUR LA PEINTURE ET LA MINIATURE A PARIS
DU XIVe SIÈCLE A LA RENAISSANCE

LEÇONS D'UN COURS D'INTRODUCTION A L'HISTOIRE DE PARIS
PROFESSÉ A LA BIBLIOTHÈQUE DE LA VILLE

PARIS (VIIe)

HONORÉ CHAMPION, ÉDITEUR

Libraire de la ville de Paris et de la Société de l'histoire de Paris

9, QUAI VOLTAIRE, 9

1904

QUELQUES OUVRAGES SUR LES PRIMITIFS

En vente à la librairie spéciale H. CHAMPION, Éditeur

Les Travaux d'art du duc de Berry, avec une étude biographique sur les artistes employés par ce prince, par MM. DE CHAMPEAUX et GAUCHERY. Fort volume in-4, avec 44 planches en héliogravure. . . . . **30** »

Le duc de Berry fut le plus grand bâtisseur de la maison de Valois. Il accueille, à la mort de Charles V, les ouvriers des ateliers royaux, et emploie Jean de Liége, André Beauneveu de Valenciennes, sculpteurs, le peintre Jean de Bruges et l'architecte Guy de Dammartin à la construction et à la décoration des merveilleux châteaux qui succèdent aux sombres forteresses de l'âge précédent. Le duc fit exécuter des travaux importants au château de Mehun-sur-Yèvre, à la cathédrale de Bourges dont il acheva la façade principale, au palais de Poitiers, au château de Lusignan, au palais et à la Sainte-Chapelle de Riom, aux châteaux de la Nonette près d'Issoire, de Gien, d'Etampes, de Montargis, de Dourdan, de Boulogne-sur-Mer, au palais et à la Sainte-Chapelle de Bourges, aux châteaux de Concressault, de Bicètre, de Nesle à Paris. Cette monographie est suivie d'une étude biographique sur les artistes employés par le duc, maîtres des œuvres, imagiers, peintres, armuriers, verriers, orfèvres, tapissiers, huchiers, musiciens, etc. M. de Champeaux montre comment sous l'influence de ce prince les tendances réalistes de Bourgogne et des Flandres sont tempérées par le goût français. Les planches sont empruntées aux monuments figurés de l'époque et les remarquables restitutions archéologiques l'œuvre de M. P. Gauchery.

La Bible française au moyen âge, par M. Samuel BERGER. Fort volume in-8. . . . . **10** »

Le Cabinet des manuscrits à la Bibliothèque nationale. Étude sur la formation de ce dépôt, comprenant les éléments d'une histoire de la calligraphie, de la miniature, de la reliure et du commerce des livres à Paris avant la découverte de l'imprimerie, par Léopold DELISLE, membre de l'Institut. 3 forts volumes in-4 et album de 50 planches. . . . . **100** »

Mélanges de paléographie et de bibliographie, par Léopold DELISLE, membre de l'Institut. Fort volume in-8, XI-515 pages et atlas in-folio . . . . **15** »

Cet ouvrage du savant directeur de la Bibliothèque nationale comprend les articles suivants : I. Le Pentateuque de Lyon en lettres onciales. — II. Le Psautier de Lyon en lettres onciales. — III. Les bulles sur papyrus de l'abbaye de Saint-Bénigne conservées à Ashburnham Place et à Dijon. — IV. Ms. de l'abbaye de Silos acquis par la Bibliothèque nationale. — V. Les mss de l'Apocalypse de Beatus conservés à la Bibliothèque nationale et dans le cabinet de M. Didot. — VI. Mss de M. Didot acquis par la Bibliothèque nationale. — VII. Le Psautier de saint Louis et les deux mss de Guillaume de Jumièges conservés à l'Université de Leyde. — VIII. Notes sur

LES
PRIMITIFS PARISIENS

Tiré à trois cent cinquante exemplaires

MARCEL POËTE .

CONSERVATEUR ADJOINT DE LA BIBLIOTHÈQUE DE LA VILLE DE PARIS

LES
PRIMITIFS PARISIENS

ÉTUDE

SUR LA PEINTURE ET LA MINIATURE A PARIS

DU XIVᵉ SIÈCLE A LA RENAISSANCE

LEÇONS D'UN COURS D'INTRODUCTION A L'HISTOIRE DE PARIS
PROFESSÉ A LA BIBLIOTHÈQUE DE LA VILLE

PARIS (VIIᵉ)

HONORÉ CHAMPION, ÉDITEUR

Libraire de la ville de Paris et de la Société de l'histoire de Paris

9, QUAI VOLTAIRE, 9

1904

AVERTISSEMENT

Ce qui suit n'est que l'esquisse d'un travail que
j'ai entrepris sur l'art à Paris, aux quatorzième et
quinzième siècles. Chargé, à la Bibliothèque de la
Ville, d'un cours d'Introduction à l'histoire de
Paris (bibliographie et sources), j'ai consacré, à
l'occasion de l'Exposition des Primitifs français,
mes leçons des 27 avril, 4 et 11 mai à la peinture
et à la miniature parisiennes, du quatorzième siècle
à la Renaissance, conformément au principe adopté
de faire dans le programme une place à l'actua-
lité. Ce sont ces conférences que je publie, simplement pour garder un souvenir d'un enseignement, encore à ses débuts, mais que la
bienveillance dont il a été honoré et l'obligeante
assiduité des auditeurs m'ont déjà rendu cher [1].

M. P.

1. Nous remercions l'administration de la *Gazette des Beaux-Arts*
de la gracieuseté avec laquelle elle a communiqué les clichés qui
ont permis d'illustrer cette étude.

1

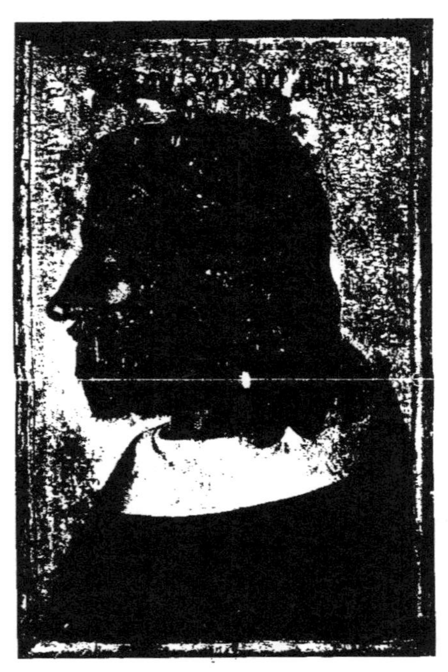

PORTRAIT DU ROI JEAN LE BON

Bibliothèque nationale

LES

PRIMITIFS PARISIENS

I

L'Exposition des Primitifs français, qui vient d'être ouverte tant au pavillon de Marsan qu'à la Bibliothèque nationale, porte principalement sur la peinture et la miniature, au temps des Valois, c'est-à-dire durant la période comprise entre l'avènement de Philippe VI (1328) et la mort de Henri III (1589). C'est donc une période d'art de plus de deux siècles et demi qui se trouve ainsi représentée.

Je n'ai pas à vous décrire cette belle exposition où l'on a groupé pour la première fois des œuvres dont l'étude est de la sorte singulièrement facilitée. Je me bornerai à vous renvoyer au catalogue étendu qui en a été dressé, ainsi qu'aux travaux qui ont paru ou sont annoncés comme devant être publiés prochainement sur la matière : à l'article de M. Henri Bouchot. le promoteur heureusement inspiré de l'Exposition,

dans la *Revue des Deux Mondes* du 15 mars ; — à celui
de M. Camille Benoît, dans *la Revue de Paris* du
1ᵉʳ mai ; — à l'étude de M. Paul Vitry, dans *les Arts*
d'avril ; — au travail en cours de M. Paul Durrieu,
dans la *Revue de l'art ancien et moderne*, numéros de
février, mars, avril. La *Gazette des Beaux-Arts* an-
nonce, sur le même sujet, des articles de MM. Lafe-
nestre, Mâle et Vitry, qui feront suite à l'Avant-propos
de M. Bouchot paru dans le numéro d'avril de cette
revue. De son côté, le *Bulletin du Bibliophile* publiera
un travail de M. Henri Martin sur les miniatures.

Ces auteurs ont toute autorité pour présenter au
public l'Exposition des Primitifs français. Ce que
je voudrais essayer de faire, c'est de mettre au point la
question de l'art à Paris, du quatorzième siècle à la Renaissance, en ce qui concerne la peinture et la miniature, de vous exposer ce que l'on peut savoir à ce
sujet, de vous indiquer la voie à suivre pour une
semblable étude. Nous ne nous éloignons pas, comme
vous le voyez, du point de vue qui doit dominer tout
cet enseignement : celui de la bibliographie et des
sources.

L'art de cette époque ne s'étudie pas comme l'art
moderne. Il faut bien se rendre compte des conditions
particulières dans lesquelles il s'est formé et développé. Aux quatorzième et quinzième siècles, l'artiste

continue à être, comme au treizième, avant tout un ouvrier soumis à des règles, qui proviennent d'une part du régime corporatif auquel il est astreint, d'autre part des conventions religieuses qui règnent en ces temps. Les idées religieuses étant la dominante de l'époque, ce sont des sujets religieux que l'artiste reproduit habituellement, et il le fait d'après une sorte de canon : il y a des clichés d'art qui sont dans le domaine courant et servent sans cesse. Pour ces sujets, l'Eglise a fixé ou admis, de temps immémorial, un canevas tiré des livres saints ou de la légende populaire et dont l'artiste ne sait pas s'écarter. Ainsi limitée à la fois par les règles des corporations et celles qui touchent à la représentation des sujets religieux, la personnalité de l'artiste l'est encore par les influences particulières de milieu, par ces mille liens qui rattachaient alors étroitement l'homme à l'ambiance. L'art pour l'art est une conception toute moderne qui n'a pas de sens à cette époque. Au moyen âge, l'artiste est un ouvrier qui travaille pour son temps et à la mode de son temps. A mesure qu'on s'éloigne du quatorzième siècle, la personnalité de l'artiste tend de plus en plus à se dégager, l'individualité de l'œuvre d'art se dessine davantage, mais cette personnalité, cette individualité ne sortent guère des limites d'écoles locales dont la floraison est une des caractéristiques de l'art au quinzième siècle. Les débuts de ces écoles sont obscurs; elles ne se sont épanouies que sous l'action bienfaisante de Mécènes royaux ou princiers : c'est autour du duc Philippe le Hardi, à Dijon, que se forme, au quatorzième siècle, l'école de Bourgogne; c'est à l'ombre de la cour royale émigrée au centre de la France qu'éclôt, au quinzième siècle, l'école de la Loire; le roi René détermine en Provence un véritable mouvement artistique et l'école à laquelle se rattache l'énigmatique maître de Moulins doit son développement au duc de Bourbon, Pierre II, et à sa femme, la régente Anne de Beaujeu.

Des raisons politiques ou de voisinage amènent fatalement des relations artistiques avec l'Italie ou avec les pays situés au nord et au nord-est de la France. Nous voyons, en 1298, Philippe le Bel envoyer à Rome le peintre Etienne d'Auxerre. Le même roi avait à son service, dès 1304 ou 1305, trois peintres italiens. L'installation du Saint-Siège à Avignon, qui attira dans cette ville des peintres italiens, notamment le Siennois Simone di Martino, les expéditions du duc d'Anjou dans le royaume de Naples et encore le mariage du duc Louis d'Orléans, frère de Charles VI, avec Valentine de Milan, ne pouvaient que développer les relations artistiques de la France avec l'Italie. Mêmes remarques en ce qui concerne les régions situées au nord et au nord-est de la France. Dès le début du quatorzième siècle, nous rencontrons à Paris des artistes originaires de ces régions : Jean de Locre, peintre de la reine en 1317, Pierre de Bruxelles, autre peintre, fort en vogue vers 1320, etc. La formation du duché de Bourgogne, vastes États qui comprenaient précisément les pays dont je parle, a eu une importance exceptionnelle. Elle a resserré les liens de l'art français avec ces régions dont les artistes ont collaboré étroitement avec ceux de la France. Ensemble ils ont conduit l'art, inconsciemment et par la force même des choses, vers une forme nouvelle. Au treizième siècle, il n'y a, à proprement parler, qu'un art, l'art français qui rayonne dans l'Occident ; au quatorzième siècle, c'est encore l'internationalisme artistique ; au quinzième, l'art français, l'art flamand et l'art italien prennent chacun leur physionomie propre. Il faut donc bien connaître ces deux derniers arts, afin de pouvoir démêler le caractère propre à celui de notre pays.

Je vous disais tout à l'heure que l'artiste était un ouvrier. Nous le voyons en effet peindre des objets usuels, tels que sièges, selles, harnais, etc. Il dore ou peint aussi les statues faites par lui ou par d'autres. La polychromie était de règle : sauf quelques exceptions, les statues devaient être peintes. Les plus grands artistes de l'époque se sont livrés à des besognes de ce genre.

Le principe de la distinction des arts n'existait pas. De grands sculpteurs ont été en même temps de grands peintres, par exemple André Beauneveu dont je vous parlerai. L'œuvre du peintre s'associait du reste fréquemment à celle du sculpteur, tant par la peinture des statues que par la décoration des volets de retables sculptés, témoin ce chef-d'œuvre de la fin du quatorzième siècle, les volets de Melchior Broederlam pour le retable de Jacques de Baers destiné à la Chartreuse de Champmol et conservé au musée de Dijon.

L'art s'appliquait ainsi à la vie courante. Il était dans les églises, dans les habitations, dans la rue. Les entrées de souverains, les solennités, les enterrements de princes et de grands personnages étaient des occasions de travaux confiés souvent à des artistes tels qu'un Jean Fouquet. Oriflammes, blasons, décorations diverses, ce qui concourait à l'éclat de la cérémonie portait un réel cachet artistique. L'art populaire qu'on essaye de créer aujourd'hui, c'était l'art même du temps, destiné à distraire, à instruire surtout. Vous connaissez la fameuse ballade de Villon, dans laquelle ce grand poète parisien, le premier en date des poètes modernes, fait parler sa mère. S'adressant à la Vierge, elle dit :

> Femme je suis pourette et ancienne
> Qui riens ne sçay ; oncques lettre ne leuz ;
> Au moustier voy, dont suis paroissienne,
> Paradis paint, où sont harpes et luz
> Et ung enfer où dampnez sont boulluz :
> L'ung me fait paour, l'autre joye et liesses [1]...

Le paradis opposé à l'enfer était un sujet de peinture fréquent au quinzième siècle. On le rencontrait notamment à Paris, aux Célestins [2].

Je pourrais multiplier les textes montrant que l'art intervenait alors dans la vie courante pour instruire ou amuser. Ainsi ce passage du *Songe du Vergier* : « Les chevaliers de nostre temps font en leurs sales paindre batailles à pié et à cheval, affin que par manière de vision ilz preignent aulcune délectacion en batailles ymaginatives [3]. »

Les sources de l'histoire artistique pour l'époque dont nous nous occupons sont les testaments et les inventaires, qui font pénétrer dans l'intérieur des habitations et renseignent sur le mobilier, le luxe, la forme ou le sujet d'objets et d'œuvres d'art.

1. Villon, édit. Longnon, p. 58.

2. « Aux Célestins est paradis et enfer en painture... » (Guillebert de Metz, dans *Paris et ses historiens aux quatorzième et quinzième siècles*, de Le Roux de Lincy et Tisserand, p. 192.)

3. *Songe du Vergier*. (Lyon), imp. J. Maillet, 1492 (n. st.), pet. in-fol.; fol. a IIII v°.

Je citerai la publication suivante : *Testaments enregistrés au Parlement de Paris sous le règne de Charles VI.* Textes publiés par Alexandre Tuetey (Paris, 1880, in-4°).

En ce qui concerne les inventaires, il convient de se reporter à la *Bibliographie générale des inventaires imprimés*, de Bishop et Mély (Paris, 1892-1895, 2 tomes en 3 vol. in-8°). Il y a lieu de consulter en particulier la collection d'anciens inventaires publiée sous les auspices du ministère de l'instruction publique : *Inventaires de Jean, duc de Berry (1401-1416)*, publiés et annotés par Jules Guiffrey (Paris, 1894-1896, 2 vol. in-8°); — *Inventaires et documents relatifs aux joyaux et tapisseries des princes d'Orléans-Valois (1389-1481)*, publiés par J. Roman (Paris, 1894, in-8°); — B. Prost, *Inventaire mobilier et extraits des comptes des ducs de Bourgogne de la maison de Valois (1363-1477)* (Paris, 1902-1903, in-8° ; 1ᵉʳ et 2ᵉ fascicules) ; — *Inventaire de l'orfèvrerie et des joyaux de Louis Iᵉʳ, duc d'Anjou*, publié par H. Moranvillé (Paris, 1903, in-8° ; 1ᵉʳ fascicule).

Une deuxième classe de sources est formée des règlements de corporations de métiers artistiques. En dehors du *Livre des métiers* d'Etienne Boileau, qui se rapporte au treizième siècle et dont MM. de Lespinasse et Bonnardot ont donné une édition dans la

Collection de l'Histoire générale de Paris, il faut consulter *les Métiers et corporations de la ville de Paris*, par M. de Lespinasse (3 vol. de la même collection).

La troisième classe de sources comprend les ouvrages divers traitant de la technique des arts. Sans parler de celui du moine Théophile, je signalerai les traités d'enluminure ou de peinture qu'a publiés Lecoy de la Marche, dans la *Gazette des Beaux-Arts* de 1885 et 1886 et les *Mémoires de la Société nationale des antiquaires de France* (t. XLVII). Il y a lieu de mentionner aussi le *Traité des couleurs* que Jean Lebègue a composé à la fin du quatorzième siècle ou au commencement du quinzième et que Mme Merrifield a fait paraître à Londres, en 1849. Les règlements de corporations contiennent également sur la technique de précieux renseignements.

Vous savez qu'on a établi depuis longtemps que les van Eyck n'avaient pas inventé la peinture à l'huile. On s'en servait bien avant eux. Ce qu'on leur doit, c'est un perfectionnement dans ce sens, une amélioration des procédés qui a permis de rendre les effets de lumière et a donné ainsi naissance au paysage en peinture.

Une quatrième classe de sources est composée des chroniques et œuvres littéraires diverses pouvant fournir la trame de la vie complexe du temps. On ne

saurait en effet séparer l'art du milieu social, auquel
il est uni par des liens très étroits, en particulier à
l'époque qui nous intéresse, ainsi que je vous l'ai
montré. Pour le quatorzième siècle, les *Chroniques* de
Froissart, les *Miracles de Nostre-Dame*, le *Ménagier de
Paris*, etc., sont à lire avec la préoccupation d'y
retrouver la vie du temps. Au quinzième siècle, des
auteurs comme Villon, Antoine de la Salle, Martial
d'Auvergne, Coquillart, des œuvres comme les mys-
tères, moralités et farces, ou encore comme les
sermons de Maillard et Menot, jettent une singulière
lueur sur l'état social de l'époque. Il est curieux,
par exemple, de rapprocher la société, la littérature
et l'art sous Louis XI. On remarque qu'il y a pour
ainsi dire accord parfait. Le débordement de réalisme qui se manifeste dans l'art français à ce moment existe également dans la littérature et la société.
Il n'est pas jusqu'au souverain, ce roi bourgeois du
quinzième siècle, que l'on ne puisse considérer en
quelque sorte comme une autre manifestation du réalisme contemporain.

Il me reste à parler des documents à consulter au
point de vue biographique. On ne sait presque rien
de la vie des artistes d'alors; on ne les connaît guère
que de nom et encore y en a-t-il beaucoup qui sont
restés complètement inconnus. Cela s'explique par

leur condition à cette époque : l'artiste est un ouvrier plus ou moins obscur ; ce n'est pas, comme aujourd'hui, un homme célèbre dont on enregistre les faits et gestes. Ouvrier, il travaille et n'a pas d'histoire ; quelquefois il fait des chefs-d'œuvre, mais les chroniqueurs s'abstiennent de les signaler à la postérité. Nous sommes donc fatalement très pauvres en documents biographiques. C'est dans les comptes et les ordres de payement qu'on rencontre le plus de renseignements de ce genre ; mais il ne s'agit que de l'indication d'un nom et d'une somme due pour certain travail ; l'œuvre n'est généralement pas décrite. A cet égard, nous sommes peu favorisés pour Paris. Les archives de la Chambre des comptes ont été en majeure partie détruites, à la suite d'un incendie survenu en 1737. Les comptes des bâtiments ou des « œuvres » du roi, pour la période qui nous occupe, ont disparu notamment ; il n'en a été conservé que les extraits ou analyses qu'en ont faits Sauval dans son *Histoire et recherches des antiquités de la ville de Paris* (Paris, 1724, 3 vol. in-fol.) et un érudit du même temps, Ménant (manuscrits n⁰ˢ 3398 à 3413 de la Bibliothèque de Rouen et 6362 de la bibliothèque de l'Arsenal)[1]. Mais il existe des comptes relatifs à divers

1. Le recueil Ménant conservé à la Bibliothèque de Rouen appartenait auparavant à Leber qui en publia certaines parties dans sa

établissements ou institutions et qui sont également fort utiles à dépouiller en ce qui concerne l'histoire artistique. Je me contenterai de citer ceux de la confrérie de Saint-Jacques-aux-Pèlerins et vous renverrai au travail de Bordier sur cette célèbre confrérie parisienne (*Mémoires de la Société de l'Histoire de Paris,* t. I et II ; nouvelle édition augmentée et pourvue d'une table dans *les Archives hospitalières de Paris,* par H. Bordier et L. Brièle ; Paris, 1877, in-8°). On trouve dans cette publication de nombreux noms d'artistes parisiens aux quatorzième et quinzième siècles, ainsi que des indications quelquefois détaillées et précises sur les œuvres qu'ils ont exécutées. Il est curieux de constater qu'elle a été pourtant peu utilisée au point de vue qui nous intéresse.

D'autres sources de renseignements biographiques sont les registres du Trésor des chartes. On peut du reste rencontrer des mentions d'artistes dans des documents de nature très diverse, tels que chartes de donation, privilèges, contrats de vente, etc. C'est

Collection des meilleures dissertations, notices et traités particuliers relatifs à l'histoire de France, t. XIX, pp. 11-265. Cf. aussi B. Prost, *Quelques documents sur l'histoire des arts en France,* dans *Gazette des Beaux-Arts,* 2ᵉ période, t. XXXV, 1887, p. 322 et t. XXXVI, p. 235. En ce qui a trait au manuscrit 6362 de l'Arsenal, voir Le Roux de Lincy, dans *Revue archéologique,* t. VIII, 1852, pp. 670-691 et 760-772.

ainsi que, dans un acte de constitution de confrérie
de l'année 1413, j'ai relevé des noms d'artistes parisiens qui n'avaient pas encore été cités à cette date ou
étaient demeurés inconnus : les tailleurs d'images
Jean Ponse et Pierre de Tury, le peintre et enlumineur Pierre de Vienne, un autre peintre : Jean
Festu, etc. [1]. C'est dire qu'il n'est pas possible
d'épuiser les sources à ce sujet. Au surplus, bon
nombre de dépouillements ont été déjà effectués ; le
résultat en a été consigné dans des recueils tels que
la *Revue universelle des arts*, les *Archives* et *Nouvelles
archives de l'art français* [2], les *Archives historiques,
artistiques et littéraires*, etc.

J'ai fait remarquer que nous savions fort peu de
chose des artistes, que beaucoup de noms même
étaient ignorés. Il s'ensuit qu'il faut se mettre en
garde contre une tendance fréquente qui porte à
attribuer à quelques artistes connus la plupart des
œuvres de leur temps.

Nous venons de passer en revue les différentes

1. *Bulletin de la Société de l'Histoire de Paris*, année 1903, p. 176.
— Sur Pierre de Tury, cf. B. Prost, dans *Gazette des Beaux-Arts*,
2e période, t. XXXVI, 1887, pp. 240-241, et H. Bordier et L. Brièle,
les Archives hospitalières de Paris, 2e partie, p. 38.

2. Cf. la *Table générale des documents contenus dans les « Archives
de l'art français » et leurs annexes (1851-1896)*, par M. Tourneux,
à la suite des *Nouvelles archives* de 1896.

sortes de sources auxquelles il convient de recourir,
lorsqu'on veut étudier l'histoire de l'art, particulièrement à Paris, à l'époque des Primitifs. Nous avons
considéré l'histoire artistique proprement dite, comprenant ce qui a trait aux procédés de travail et à
la condition des artistes, joint aux rares données
biographiques qu'il est possible de recueillir. Nous
avons aussi envisagé l'art dans ses rapports avec le
milieu social. Reste l'examen des œuvres elles-mêmes
qui sont parvenues jusqu'à nous. C'est ici le point le
plus délicat. Il faut apporter à cet examen un œil
exercé, beaucoup de prudence, une attention perspi-
cace et minutieuse, de solides connaissances en technique et en histoire artistiques ainsi que la mémoire
visuelle qui, à défaut des reproductions encore si peu
nombreuses, suscite les rapprochements à établir.
Aussi les erreurs commises à cet égard sont-elles
courantes. Les attributions basées sur des à peu près
ou déterminées par un enthousiasme aveugle, abon-
dent. De ce qu'un artiste a représenté une ville ou
l'un de ses monuments ou bien un personnage qui l'a
habitée, il n'en résulte pas qu'il en soit originaire ni
qu'il y ait fait son éducation artistique. D'autre part,
de ce que deux œuvres sont semblables comme composition ou de ce que deux sujets ont été traités de façon
pareille, il ne s'ensuit pas forcément qu'ils émanent

du même artiste. L'instinct d'imitation était très développé au moyen âge : on imitait en art comme en littérature. Les auteurs se copiaient ou se résumaient les uns les autres, si bien qu'on a pu dire qu' « une dizaine d'ouvrages bien choisis pourraient presque, à la rigueur, tenir lieu de tous les autres » et qu'un lecteur familier avec ces livres pénétrerait « jusqu'au fond du génie du moyen âge [1] ». On conçoit dès lors combien les attributions artistiques offrent de chances d'erreur.

Les œuvres que l'on peut avoir à examiner sont de nature diverse. Il y avait la peinture murale, la fresque. Nous savons qu'à Paris, l'hôtel Saint-Pol, le Louvre de Charles V, l'hôtel de Savoisi, le château de Bicêtre [2], étaient ornés de fresques. Il s'en trouvait également dans les églises. Nous voyons par exemple Nicolas de L'Espoisse, notaire et secrétaire du roi, greffier des présentations au Parlement de Paris, prescrire, par son testament, du 1er août 1419, que, sur les murs de l'église ou du cloître des Carmes, on fasse une peinture le représentant ainsi que sa femme et ses enfants n prière devant la Vierge. L'église et le cloître des

1. E. Mâle, *l'Art religieux du treizième siècle en France* Paris 1902, in-4°), p. 11.

2. Ces deux dernières demeures ont été détruites au commencement du quinzième siècle.

Carmes étaient du reste décorés de fresques diverses.
Dans un autre testament, daté du 22 février 1400 et
provenant de Guillaume de Chamborand, écuyer de
corps de Charles VI, il est question d'une peinture
murale qui figurera dans une église et dont voici le
sujet : l'écuyer, revêtu de ses armes, à genoux et les
mains jointes, est présenté par ses patrons, saint Jean-
Baptiste et saint Guillaume, à une Vierge portant l'Enfant Jésus. C'est là ce qu'on appelle le type du dona-
teur, courant à la fin du quatorzième et durant tout
le quinzième siècle. C'est sous cette forme que bon
nombre de portraits étaient faits alors. Le portrait
apparaît, comme vous le savez, dans l'art du moyen
âge, au quatorzième siècle. A côté des fresques, qui
naturellement ont presque toutes disparu, il y avait
les peintures sur panneaux de bois ou sur toile, les
tableaux proprement dits, dont un certain nombre
étaient à volets : diptyques, triptyques, etc. Quelques-
uns de ces polyptyques nous sont parvenus à l'état de
volets séparés qu'on a pu dans certains cas rapprocher : on a de la sorte reconstitué l'œuvre originale,
en totalité ou en partie. Ainsi voyez les volets extrêmes
du triptyque de 1488, où figurent Pierre II, duc de
Bourbon et sa femme, Anne de Beaujeu. Lorsqu'on
rencontre un panneau isolé sur lequel se voit un
personnage agenouillé et accompagné d'un saint, on

peut presque toujours le considérer comme ayant fait partie d'un diptyque dont l'autre volet représenterait par exemple une Vierge avec l'Enfant Jésus, ou d'un triptyque, la partie centrale, dans ce dernier cas, donnant la représentation d'une scène religieuse et le volet opposé, celle de la femme du personnage en question, escortée également de sa sainte patronne. C'est ainsi que *la Donatrice présentée par sainte Madeleine*, œuvre de la fin du quinzième siècle, qui figure à l'Exposition des Primitifs et dont le musée du Louvre vient de faire l'acquisition, peut être considérée comme ayant appartenu à un polyptyque ; de même *le Chevalier-avoué de Saint-Victor de Marseille*, etc. Aux tableaux formant polyptyques, il faut joindre les compositions isolées : *la Nativité* dite du cardinal Rolin, de l'école du maître de Moulins, *la Déposition de croix* de Saint-Germain-des-Prés, etc.

A la peinture se rattache de près la miniature ou illustration des manuscrits, d'une importance capitale pour l'histoire de l'art à cette époque, car bien rares sont les tableaux qui ont subsisté, tandis que les miniatures qu'il est loisible d'examiner sont en nombre incalculable et, protégées par les volumes qui les renferment, fort bien conservées. Elles offrent de plus sur les tableaux ce précieux avantage que, précisément parce qu'elles ne sont pas isolées, mais font partie d'un livre, on peut plus facilement les dater et leur assigner un lieu d'origine. Mais, pas plus que les tableaux, elles ne sont signées. C'est par l'étude des miniatures qu'on arrivera à connaître davantage la peinture de ce temps et à mieux se rendre compte de l'évolution artistique à laquelle est attaché présentement le nom des van Eyck. Malheureusement cette étude n'en est encore qu'à ses débuts. En France, on ne peut guère citer que MM. Léopold Delisle, Henri Bouchot, Paul Durrieu, Émile Mâle, Henri Martin et Salomon Reinach, qui s'en soient occupés. D'autre part, il ne paraît pas que l'on soit entré dans la voie qui semble s'imposer à ce sujet : les recherches anecdotiques, les dissertations éloignent du point de vue général auquel il y aurait avantage à se placer. Ce qui serait à désirer, c'est un catalogue spécial des manuscrits à peintures, dans lequel on se préoccuperait avant tout de grouper les miniatures par époques et par écoles. Souhaitons que l'admirable exposition installée rue Vivienne, où les plus beaux manuscrits de la Bibliothèque nationale avoisinent ceux de l'Arsenal et d'autres dépôts, donne au ministère de l'instruction publique, qui est en train de terminer si heureusement la publication du *Catalogue des manuscrits des Bibliothèques de France*, l'idée d'entreprendre, comme pendant, le Catalogue général des miniatures, qui

témoignerait encore mieux de l'antique splendeur de
notre art national.

II

Avant de parler des artistes et de leurs œuvres, je
devrais décrire le milieu parisien. Pour goûter l'art
de ce temps, il faut en effet essayer de le replacer
dans son cadre. J'aurais donc à suivre le développement de la ville dans le cours du quatorzième siècle,
à noter les progrès du luxe déterminés en partie par
la cour brillante des Valois ; il me faudrait relever
l'attirance que Paris exerçait déjà et signaler, au
point de vue des conséquences qu'elles devaient fatalement avoir dans notre domaine, les relations des
grands feudataires avec le roi de France, qui amenaient
ceux-ci à résider souvent dans la capitale où ils
avaient leur hôtel et à participer à la vie luxueuse des
souverains. Dès les premières années du siècle, nombreux et habiles étaient les artistes parisiens. « Là,
c'est-à-dire à Paris, dit Jean de Jandun, dans son
Eloge de cette ville, composé en 1323, tu trouveras à
la vérité de très subtils faiseurs d'images de toutes
sortes, soit en sculpture, soit en peinture[1]. » Le titre
de peintre du roi apparaît dès 1304. Il y avait aussi

1. Le Roux de Lincy et Tisserand, *Paris et ses historiens aux
quatorzième et quinzième siècles,* dans *Histoire générale de Paris*
(Paris, 1867, in-4°), p. 52.

celui de peintre de la reine qu'on rencontre en 1317. Les princes du sang, les grands seigneurs avaient également leur peintre.

Le quartier de ces artistes se trouvait du côté de la porte Saint-Denis. Vous savez que les différents corps de métiers étaient groupés : les drapiers demeuraient à la porte Saint-Honoré ; ceux qui travaillaient l'airain, dans la rue Saint-Martin ; les orfèvres, pierriers et ouvriers de diamants, dans la rue Quincampoix ; les huchiers ou menuisiers séjournaient au cimetière Saint-Jean ; les tombiers et fabricants de lames funéraires habitaient les bourgs Saint-Médard et Saint-Marcel, etc. Les peintres et aussi les sculpteurs qu'on appelait imagiers ou tailleurs d'images, avaient, pour la plupart, leurs demeures ou ateliers rue Saint-Denis, du côté de la rue Mauconseil. Ils formaient ensemble une corporation qui fut réglementée, à la date du 12 août 1391, par le prévôt de Paris, Jean de Folleville, d'accord avec vingt-cinq peintres et cinq sculpteurs désignés nommément dans l'acte comme « faisant la plus grande et la plus saine partie dudict mestier ».

Les prescriptions portent particulièrement sur la peinture des sculptures. Mais il est d'autres parties de ce texte [1] qui méritent d'être analysées. Nul ne peut

1. R. de Lespinasse, *les Métiers et corporations de la ville de*

être reçu comme maître peintre, ni admis à travailler
à Paris et à tenir apprentis, s'il n'a fait un travail
reconnu suffisant par les jurés et gardes du métier :
c'était ce qu'on appelait le chef-d'œuvre. Les gardes
doivent aussi vérifier si le bois destiné à recevoir de
la peinture est bien sec. Il est recommandé de ne
peindre à fresque qu'après que la muraille aura été
entièrement nettoyée des couleurs qui pourraient y
avoir été mises auparavant. Quant aux peintures sur
toile, à l'huile ou à la détrempe, il faut les faire sur
un « drap » suffisamment résistant et se garder d'user
d'étain. Il est interdit de vendre à Paris des œuvres
exécutées au dehors, « en Allemagne ou ailleurs »,
avant que les gardes du métier ne les aient examinées.
Les statuts font ici, sans doute, allusion aux infiltra-
tions d'art allemand qui se produisirent à Paris, à la
suite de la venue d'Isabeau de Bavière en France.
Les trois derniers articles édictent des mesures
d'ordre ou de discipline. Lorsqu'il s'agit d'entreprendre, pour collèges, couvents, paroisses, etc., un
travail valant plus de 100 sous ou 6 livres, il faut en
déterminer le prix et la nature par contrat dressé en
double exemplaire, à l'usage de chacune des deux

Paris, t. II, p 192. — Les noms des peintres et sculpteurs figurant
dans l'acte ont été publiés plusieurs fois : cf. Leber, ouvr. cité,
t. XIX, p. 450 et V. Dufour, *Une famille de peintres parisiens*
(Paris, 1877, pet. in-8º), p. 151.

parties. Quiconque commettra une infraction aux statuts sera puni d'une amende de 20 sols parisis; s'il y a récidive ou habitude d'enfreindre les règlements, la punition sera fixée suivant les cas. Du produit des amendes, il sera établi deux parts égales : l'une revenant au roi, l'autre aux gardes-jurés du métier pour leur peine et afin de les aider à faire chanter les messes de la confrérie. L'observation des statuts devra être assurée par quatre prud'hommes du métier élus « par la plus grande et plus saine partie d'iceluy mestier ».

Il y avait donc à Paris, au quatorzième siècle, un milieu artistique fortement constitué. Aussi Courajod a-t-il pu dire : « On peut et on doit parler de l'art parisien dès le quatorzième siècle[1]. » Ce qui signifie que des écoles locales dont il est permis de reconnaître l'existence, la première en date fut celle de Paris, formée sous l'influence de la cour des Valois.

Le premier peintre parisien qui apparaisse avec une œuvre précise est Pierre de Bruxelles. Le 20 juin 1320, « Pierres de Broiselles (ailleurs : de Bruxelle), paintre, demourant à Paris », passa, par-devant le prévôt de Paris, un marché avec la comtesse Mahaut d'Artois, pour « paindre et faire paindre, à ses couz

---

1. L. Courajod, *Leçons professées à l'Ecole du Louvre* (Paris, 1899-1903, 3 vol. in-8°), t. II, p. 47.

propres, unes galeries que ladicte madame la contesse
a en sa meson de Conflans », près de Paris. Sur l'un
des pignons de cette galerie devaient être représentés
des événements de la vie de Robert II, comte d'Artois et père de Mahaut : l'expédition de ce seigneur
sur les côtes de Sicile et aussi « comment ledit conte
jeta pieça les deux bariz de vin en la fontaine ». Les
chevaliers figurés le seraient avec leurs armoiries dont
il faudrait s'enquérir avec soin, afin de les reproduire
bien exactement et il y aurait des « galies, nez et vessiaus de mer armées de genz d'armes et... faiz selonc
ce qu'il sont en mer ». Au-dessus des images, sera
relatée l'histoire des deux barils. Au-dessous, la muraille sera peinte « de vert quarrelé de blanc refendu
de vermillon » ou, si la comtesse préfère, ornée de
« courtines ou fenestrages à arches ». Quant à l'autre
pignon, il recevra une décoration plus tard, au gré de
Mahaut. Le tout devra être peint à l'huile et l'artiste
fera autant « d'ymages et d'estoires » qu'il en est indiqué dans un rôle laissé entre ses mains [1]. Pierre de
Bruxelles s'occupa de cette œuvre en 1320 et 1321.
En 1329, il fut chargé de « revernisser les guerreries

1. Ce marché a été publié par G. Demay, dans les *Mémoires de
la Société des antiquaires de France*, t. XXXVI, p. 237 ; — Dehaisnes,
Documents concernant l'art dans les Flandres, t. I, p. 229 ; — J.-M.
Richard, *Mahaut, comtesse d'Artois et de Bourgogne* (Paris, 1887,
in-8°), p. 356.

de Conflans ». Il n'a, du reste, pas été le seul peintre parisien employé à Conflans : Evrard d'Orléans y avait travaillé antérieurement, de 1317 à 1319, sans parler de Robert de Lannoi vers 1317, Henriet Haquin et Guillot de Provans vers 1320. On sait, au surplus, que Mahaut faisait volontiers appel aux artistes parisiens : elle en avait mandé notamment deux en 1310, parmi lesquels Raoul de Senlis, pour peindre une chapelle à l'abbaye de Maubuisson, près Pontoise. Elle utilisa encore Pierre de Bruxelles à l'hôtel d'Artois, situé rue Mauconseil, « pour paindre... le grant salle et les vielles galeries », vers 1323, ainsi que la petite chapelle et « les guerreries... partant de l'huis de la salle jusques à la conchiergerie », en 1329. Elle lui fit, en 1328, « pourtraire » d' « ymageries » une chapelle de carême, c'est-à-dire un groupe de vêtements liturgiques et de parements d'autel appropriés à cette partie de l'année. Le même artiste peignit pour la comtesse diverses sculptures. Nous le rencontrons, de 1318 à 1327, occupé à l'église que la confrérie de Saint-Jacques-aux-Pèlerins faisait construire au coin des rues Saint-Denis et Mauconseil. Enfin on le trouve, vers 1323, travaillant à Saint-Germain-en-Laye. Pierre de Bruxelles a dû mourir en 1338 ou 1339.

Si, malgré l'origine étrangère que laisse supposer

son nom, je le cite parmi les artistes parisiens, c'est
qu'à cette époque la nationalité importait peu en matière artistique. L'art était alors international. Il n'y
avait généralement pas de différence notable entre
une peinture exécutée par un Français, un Parisien
par exemple, et un Flamand ou un Italien. Les rois, les
princes, les seigneurs, les « communautés » diverses,
utilisaient les artistes établis à Paris, sans se préoc-
cuper de savoir si ces derniers étaient originaires
des Flandres ou de l'Italie; il suffisait qu'ils fussent
habiles, puisque tous donnaient sensiblement la même
note d'art. Nous avons donc le droit de ranger parmi
les artistes parisiens ce Pierre de Bruxelles qui de-
meurait à Paris, où l'on peut suivre sa trace au moins
pendant dix ans.

Un autre peintre du même temps, à nom bien parisien cette fois, est Jean d'Auteuil, qui fut également
occupé à l'église Saint-Jacques-aux-Pèlerins, en 1327.
Il travailla en outre pour le roi : vers 1322, il fit des
peintures à l'hôtel de Navarre.

Je dois aussi une mention à Jean de Gand, « paintre
demorant à Paris », qui vendit à Mahaut d'Artois,
en 1328, « trois grans tabliaus et uns petiz ront à
ymages, de l'ouvraige de Rome ».

On ne saurait malheureusement attacher ces noms
à des œuvres subsistantes. Les premiers artistes qu'on

puisse connaître autrement que par des pièces d'archives appartiennent à la même époque que les précédents : ils s'appellent Jean Pucelle, Anciau de Sens et Jacques Maci. Ils sont les auteurs de miniatures qui ornent une Bible (ms. latin 11935, à la Bibliothèque nationale) et un Bréviaire (ms. latin 10483 et 10484). Ils ont en effet pour ainsi dire signé ces œuvres, ce qui est fort rare. La Bible est de plus datée, indication également très peu fréquente : « Jehan Pucelle, Anciau de Cens, Jacquet Maci, il hont enluminé ce livre-ci. Ceste lingne de vermillon, que vous véés, fu escrite en l'an de grâce MCCC et XXVII, en un jueudi, darrenier jour d'avril... » Quant au Bréviaire, il semble avoir été exécuté avant l'année 1343 et pour Olivier de Clisson et sa femme, Jeanne de Belleville. Il est connu sous le nom de *Bréviaire de Belleville*. Les miniatures qui le décorent peuvent être mises au nombre des plus belles œuvres du temps et donner une idée de l'art de peindre à ce moment. Au commencement du premier tome figure, sous le titre de « L'Exposition des images », un programme [1] d'illustrations à l'usage de ce manuscrit, qu'on a suivi aussi ailleurs, en particulier dans les *Grandes* et *Petites Heures* du duc de Berry, à qui le

---

1. Publié par M. de Fréville, dans *Nouvelles archives de l'art français*, 1874-1875, pp. 145-155.

Bréviaire de Belleville parvint, après avoir été en la possession des rois Charles V, Charles VI et Richard II d'Angleterre. L'expression d'école du *Bréviaire de Belleville* ou d'école de Jean Pucelle, du nom de l'artiste qui paraît y avoir joué le rôle prééminent, est donc à la rigueur justifiée.

On n'avait jusqu'ici, à ma connaissance, attribué à Jean Pucelle que des miniatures. Je puis indiquer une autre œuvre de lui : c'est le sceau de la confrérie de Saint-Jacques-aux-Pèlerins qui, comme vous le savez, s'établit, au début du quatorzième siècle, rue Saint-Denis, entre les rues Mauconseil et du Cygne. Le premier compte de cette confrérie, pour les années 1319 à 1324, renferme la mention suivante : « A Jehan Pucele, pour pourtraire le grand scel de la confrérie, III sols[1]. » « Pourtraire » a la signification de dessiner, non de graver. On disait tailler un sceau, dans le sens de graver. De même qu'il y avait les tailleurs d'images, il existait les tailleurs de sceaux. Jean Pucelle a donc fait le dessin du sceau de la confrérie. Et ce sceau, qui représente le saint entouré de pèlerins à genoux, nous a été conservé : il se trouve aux archives de l'Assistance publique avec le fonds de Saint-Jacques et aurait

1. H. Bordier, dans son étude sur *la Confrérie de Saint-Jacques-aux-Pèlerins*, a bien cité (p. 64) ce texte, mais simplement comme exemple de l'emploi du mot « pourtraire » et sans identifier l'artiste.

peut-être sa place à l'Exposition des Primitifs français, à côté des miniatures de la Bible et du Bréviaire. C'est la plus ancienne œuvre connue de cet artiste. D'autre part, l'extrait de compte que je viens de rapporter me semble être le seul document cité sur Pucelle, en dehors des deux manuscrits exposés et il témoigne en faveur de l'origine parisienne de l'école du *Bréviaire de Belleville* : les confrères de Saint-Jacques se sont en effet adressés, pour leurs divers travaux, à des artistes de Paris.

Au même temps vivait dans notre ville un artiste célèbre alors, dont les œuvres ont disparu : Evrard d'Orléans, qualifié de peintre de Philippe VI de Valois, pour qui nous savons qu'il a travaillé de 1328 à 1340. Il porte encore le titre de peintre du roi en 1350. Il a vécu au moins jusqu'en 1357.

Sous Jean le Bon, on rencontre deux peintres renommés : Jean Coste et Girard d'Orléans. Le premier nous apparaît dès l'an 1349. Le 18 septembre de cette année, le duc de Normandie, qui allait devenir le roi Jean II, écrit à son trésorier Nicolas Braque : « Envoiez-nous tantost à Lery [1] *le meilleur paintre de Paris* et III ou IIII paintres avecques li, garniz de coleurs pour ouvrer à destrampe, quar nous voulons

1. Léry (Eure, arrondissement de Louviers, canton de Pont-de-l'Arche).

faire paindre hastivement chambre en nostre chastel
du Val de Ruel » (Notre-Dame-du-Vaudreuil, départe-
ment de l'Eure, arrondissement de Louviers, canton
de Pont-de-l'Arche). Braque dut sans doute désigner
Jean Coste, car quelques jours après, vers le 29 septembre, ce dernier était chargé, par lettres du duc,
de se rendre au Vaudreuil, pour y peindre la grande
salle, la chapelle, les chambres et autres lieux du
château. Le duc de Normandie désirait vivement que
ces travaux fussent exécutés par Coste, qui se hâta de
venir au Vaudreuil et se mit à l'œuvre : il fit lui-
même le dessin des « images » et emprunta à un livre
le sujet d' « histoires » qui devaient se dérouler au
long des murailles. De temps à autre, il allait chercher
des couleurs à Paris. Le vicomte de Pont-de-l'Arche
avait été invité à fournir le bois nécessaire à la construction des échafaudages et au chauffage des hautes
cheminées du château. Cependant des retards se produisirent. Il fallut, antérieurement au mois de mars
1353, restaurer certaines peintures qui avaient souffert
de l'humidité et remplacer dans d'autres, sur l'ordre
de Jean le Bon, l'étain doré dont on s'était servi par
de l'or pur. Puis, Coste tomba gravement malade. En
1353, de nouveau en 1355, le roi intervient en vue
d'accélérer les travaux. L'année suivante, c'est le futur
Charles V, alors duc de Normandie, qui donne mission

à Girard d'Orléans, peintre et huissier de salle du roi et du dauphin, de visiter « l'œuvre » et d'expertiser ce qui reste à faire. La décoration picturale de la grande salle consistait notamment en une suite d' « histoires » empruntées à la vie de César; l'animation d'une chasse égayait les murs de la galerie qui précédait. Dans la chapelle, autour de l'autel, devaient se succéder des scènes de la vie de sainte Anne et de Notre-Dame ainsi que de la Passion. Dans l'oratoire, voisin de la chapelle, étaient représentés, d'un côté, *le Couronnement de la Vierge* avec beaucoup d'anges et, de l'autre, *l'Annonciation*[1]. Ai-je besoin d'ajouter qu'il ne subsiste rien de ces peintures? On ne possède aucune œuvre certaine de Coste. C'est à lui ou à Girard d'Orléans qu'on attribue la vigoureuse effigie de Jean le Bon se détachant sur un fond d'or, conservée à la Bibliothèque nationale. Mais cette attribution ne repose que sur leur qualité de peintres attachés au service de ce roi. Nous rencontrons encore « maistre Jean Coste, peintre et sergent d'armes du roy », vers 1364-1367 : il a orné « de fleurs de lis les

---

1. L'état dressé par Girard d'Orléans a été successivement publié dans *Bibliothèque de l'École des Chartes*, 2ᵉ série, t. I, 1844, p. 544; — *Archives de l'art français*, t. II, p. 340; — V. Dufour, ouvr. cité, p. 55; — Fagniez, *Documents relatifs à l'histoire de l'industrie et du commerce*, t. II, p. 94.

trois bannières qui sont sur les trois tours » du Louvre [1].

Quant à Girard d'Orléans, on le trouve comme « paintre demourant à Paris », sous le règne de Philippe VI, en 1344. Il devint peintre et valet de chambre du roi Jean qu'il suivit dans sa captivité en Angleterre : c'était un homme de confiance de ce souverain. Les documents qui le mentionnent nous le montrent s'occupant surtout de peinture ornementale : il décorait des objets de mobilier usuel. On sait aussi qu'il a fait un de ces tableaux en forme de polyptyque que je vous ai signalés. Ce tableau, dont le sujet n'est pas connu, figurait, en 1380, dans la tour de Vincennes, à la chapelle, près de l'oratoire du roi [2]. Il mourut le 6 août 1361 et fut enseveli dans le petit cloître des Chartreux de Paris, près d'une image de la Vierge qu'il avait peinte [3].

De même que son père, Charles V a eu plusieurs

1. Sur Jean Coste, voir *Archives de l'art français*, t. II, pp. 331 à 342 et t. III, pp 65 à 68 ; — *Archives historiques, artistiques et littéraires*, t. II, 1890-1891, pp. 37 à 10 et 81 ; — B. Prost, *Recherches sur les peintres du roi antérieurs au règne de Charles VI*, dans *Etudes d'histoire du moyen âge dédiées à G. Monod* (Paris, 1896, in-8°), pp. 398-399.

2. J. Labarte, *Inventaire du mobilier de Charles V*, n° 2626 (*Collection de documents inédits sur l'histoire de France*).

3. Cf. sur cet artiste *Archives historiques, artistiques et littéraires*, t. II, pp. 85 et suiv., et B. Prost, *Recherches sur les peintres du roi...*, *loco cit.*

peintres : d'abord Jean d'Orléans. On considérait ce
dernier, sur la foi d'une mention de compte, comme
le fils de Girard. J'ai découvert un document qui
apprend que Girard avait un frère, nommé Jean et
également peintre. Ce document est un acte de
Charles V daté de juillet 1364, par lequel il confirme
à l'hôpital du Saint-Esprit-en-Grève la possession de
revenus, au nombre desquels figurent 60 sols parisis
de rente, concédés à cet hôpital, le 5 juin de la même
année, par *Jean d'Orléans peintre*, pour lui *et feu
Gérard, son frère, peintre du roi Jean*, sur une
maison sise à Paris, en la grande rue Saint-Denis, au
coin de la rue Mauconseil[1]. Aucun texte ne permet
de distinguer les deux homonymes. Faut-il croire
qu'une erreur s'est glissée dans l'un des documents
invoqués au sujet de la parenté en question ? Il convient toutefois de remarquer qu'un « Jehan d'Or-

---

1. « ... item ex dono facto eisdem [magistris vel rectoribus hospita-
lis], quinta die junii, anno Domini millesimo trecentesimo sexage-
simo quarto, per Johannem de Aurelianis, pictorem, pro se et
defuncto magistro Gerardo, pictore, quondam fratre suo et pictore
inclite memorie domini et progenitoris nostri, sexaginta solidos pari-
sienses augmenti census sive annui et perpetui redditus, super quam-
dam domum, sitam Parisiis, in vico magno Sancti Dyonisii, que
erat Johannis de Remis, marescalli et Guillelmete, uxoris sue,
facientem cugnum vici Maliconsilii, contiguam dicto vico, ex una
parte et, ex altera, domui Robini Fabri... » (Deux copies de 1395, aux
archives de l'Assistance publique, fonds de l'hôpital du Saint-Esprit.)

léans le joenne », dont on ignore la profession, est mort vers 1403[1]. Était-ce le fils de Girard ?

La maison sise au coin des rues Saint-Denis et Mauconseil, que plusieurs pièces nous indiquent comme étant la propriété du peintre Jean d'Orléans[2], ne lui appartenait plus en 1382[3].

Jean d'Orléans apparaît comme peintre du roi dès la fin de l'année 1361. Le 8 mai 1364, il est chargé de « peindre le cerf de la grand'sale du Palais ». Dans un acte du 24 janvier 1365, où il est question d'un tableau non précisé, Charles V l'appelle : « nostre amé paintre et vallet de chambre ». En 1365 ou 1366, nous rencontrons notre artiste au Louvre : il décore de rosettes d'étain blanc, sur fond rouge, les lambris de la chambre de parade où le roi tenait ses requêtes. Le 16 août 1369, le duc de Berry fait remettre à Jean d'Orléans, « paintre, demorant à Paris », un acompte de 100 francs, pour achat de « tableaux à ymages » destinés à la chapelle ducale. Dans une pièce de 1371, intéressant la confrérie de Saint-Jacques-aux-Pèlerins, il est qualifié d' « ymagier[4] », sans doute avec le sens de peintre de statues. Le 25 janvier 1378, Charles V ordonne de lui payer 100 francs, « pour certains

1. H. Bordier, ouvr. cité, p. 123.
2. *Ibid.*, pp. 36, 56.
3. *Ibid.*, p. 171.
4. *Ibid.*, p. 36.

ouvrages de painture qu'il a faiz pour nous, dit le roi,
en nostre chastel de Saint-Germain-en-Laye ». Vers
1382, « maistre Jehan d'Orliens, paintre du roy »,
reçoit des exécuteurs testamentaires du tombier Hennequin de Liége la somme de 8 francs, « pour une
ymage de saint Jehan-Baptiste, qui fut mis à Saint-
Denis pour le roy, dont satisfacion a esté faite audit
Hennequin ». On peut penser qu'il s'agit de la peinture d'une œuvre sculptée par Hennequin. Comme ses
frères Charles V et Jean de Berry, Philippe le Hardi,
duc de Bourgogne, eut recours au talent de notre
artiste ; je me bornerai aux détails suivants. Vers
1383, Jean d'Orléans, peintre du roi, fit, pour le duc
Philippe, un diptyque de forme ronde : l'un des volets
représentait le Christ au sépulcre, avec un ange qui
le soutenait ; l'autre, la Vierge s'appuyant sur saint
Jean. Aux revers, en grisaille probablement, étaient
figurés d'un côté saint Christophe et de l'autre
l'Agneau mystique. Le tableau muni de fermoirs et
de charnières d'argent fut placé dans un étui garni de
feutre et aux armes du duc. Jean d'Orléans continua
a être sous Charles VI peintre et valet de chambre du
roi : on lui donne ce titre dans des documents de
1384, 1387, 1390, 1392, 1398. L'année suivante, à
l'occasion des joutes de Cambrai, « Jehan d'Orléans,
paintre... contrefait neuf plumes de faisans d'Inde,

dont aucunes furent mises sur les heaumes du roy et
sur cellui de messire Pierre de Naverre, et les autres
furent mises sur le bacinet du roy ». Le 16 mars 1390,
Charles VI prescrit de lui verser 200 francs d'or
pour divers objets ou travaux : deux tableaux représentant la Vierge, destinés au souverain et à son
frère le duc de Touraine; « deux histoires faictes »
en un reliquaire, offert au duc; six blasons; un diptyque sur lequel on voit, d'une part, Notre-Dame et
sainte Catherine et, de l'autre, saint Jean-Baptiste et
saint Georges. L'artiste doit en outre « refaire un
tableau » pour le duc de Touraine et restaurer, au
château de Beauté, certaines peintures, parmi lesquelles celle du saint Christophe qui est à l'entrée. Il
jouit sans doute à ce moment d'une grande réputa-
tion, car c'est lui qui figure en tête des peintres
nommés dans les statuts de 1391. En 1392, nouvelle
œuvre : à l'occasion de la naissance du dauphin
Charles, Jean d'Orléans peint « bien richement » sur
« uns tableaux de bois » une *Annonciation*, destinée à
cet enfant. Plus tard, en 1396, nous le trouvons
occupé à des travaux de décoration, lors du mariage
d'Isabelle de France avec Richard II d'Angleterre.

Vers 1404, François d'Orléans, fils de Jean, lui
succéda comme valet de chambre et peintre du roi.
Mais le père continua à toucher les gages attachés à

l'emploi. A quelle époque ce dernier mourut-il? On l'ignore. Dans un acte de Charles VI, du 23 janvier 1418, il est parlé incidemment de l'hôtel de « feu Jehan d'Orléans », situé rue Saint-Pol, à l'enseigne du Croissant et qui, après être devenu la propriété d'Héluis la Pépine, appartenait alors au ménestrel du roi, Jean d'Avignon. Quant à François, nous le retrouvons, en 1422, chargé de décorations se rapportant aux funérailles de Charles VI.

On ne connaît pas les liens qui ont pu exister entre notre artiste et Jean Grancher ou Grangier, dit d'Orléans, peintre au service du duc de Berry et de Charles VII, de 1410 à 1459 environ.

Les détails que je viens de donner sur Jean d'Orléans trouveront leur excuse dans l'intérêt qu'il y avait, semble-t-il, à grouper les divers renseignements qui se rattachent à ce nom, l'un des plus importants pour l'histoire de la peinture à Paris, durant la seconde moitié du quatorzième siècle [1].

Il a été attribué à cet artiste différentes œuvres, en particulier le *Parement d'autel de Narbonne*, ainsi

---

1. Cf. V. Dufour, ouvr. cité, et L. Jarry, *Jean Grancher de Trainon, dit Jean d'Orléans, peintre des rois Charles VI et Charles VII et de Jean, duc de Berry*, dans *Bulletin de la Société archéologique et historique de l'Orléanais*, t. VIII, 1886, pp. 515 à 526. Voir aussi B. Prost, *Gazette des Beaux-Arts*, 1887, t. XXXV, pp. 327-329, et *Recherches sur les peintres du roi...*, loco cit., pp. 399 et suiv.

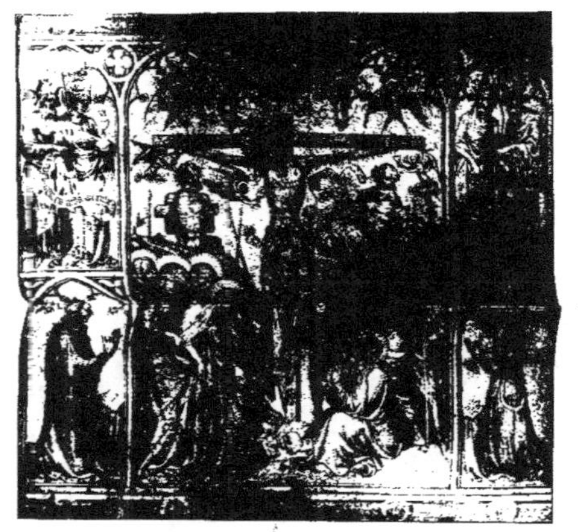

PAREMENT D'AUTEL DIT DE NARBONNE

PARTIE CENTRALE AVEC LES PORTRAITS DE CHARLES V ET DE JEANNE DE BOURBON

Musée du Louvre

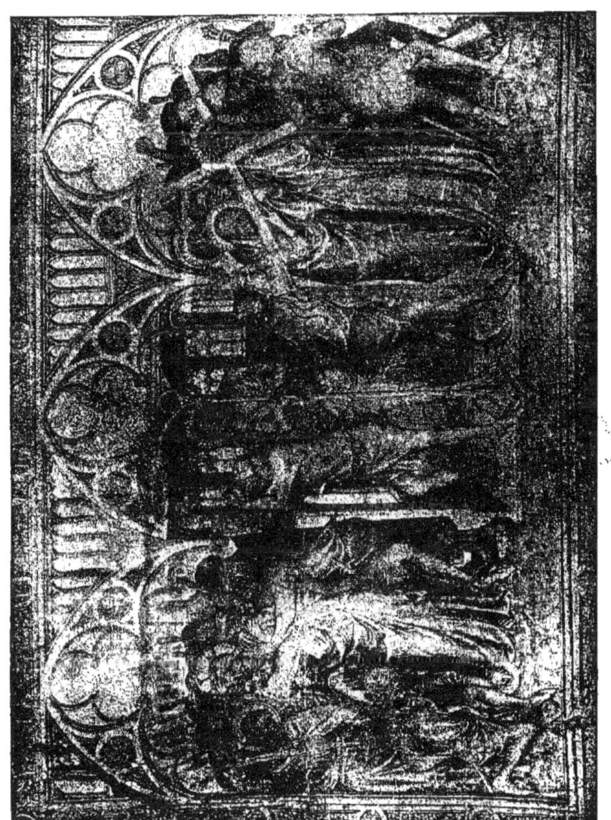

PAREMENT DE NARBONNE

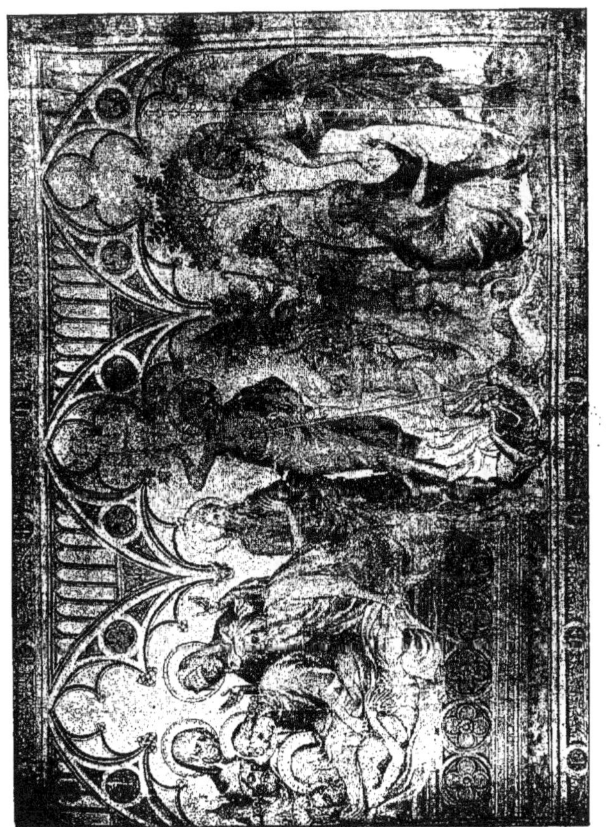

PAREMENT DE NARBONNE

appelé parce qu'il fut trouvé dans cette ville, d'où il
parvint au musée du Louvre [1]. C'est une de ces pièces
de « chapelles » dont j'ai parlé à propos de Pierre de
Bruxelles. Le dessin, en grisaille sur soie blanche,
représente au centre le crucifiement ; à gauche et à
droite se succèdent des « histoires » : l'arrestation de
Jésus, la flagellation, le portement de croix, l'enseve-
lissement la descente aux limbes, l'apparition du
Christ en jardinier. De chaque côté de la scène centrale, sont agenouillés Charles V et sa femme, Jeanne
de Bourbon ; au-dessus d'eux, l'artiste a figuré l'église
et la synagogue, suivant la donnée symbolique du
moyen âge. L'œuvre a dû être exécutée dans les dernières années du règne de Charles V [2]. Elle est vraiment admirable : la composition ne se ressent pas trop
de l'entassement des personnages ; la haute distinction du dessin tempère le réalisme des figures ; il y
règne une étonnante harmonie de lignes et de senti-
ments et l'expression dramatique des physionomies
ne diminue pas la grandiose sérénité de l'ensemble.

1. H. Bouchot, *les Primitifs français : le « Parement de Narbonne » au Louvre (1374) ; le peintre Jean d'Orléans à Paris*, dans
Gazette des Beaux-Arts, de janvier 1904.

2. Elle a été rapprochée d'une pièce de « la chappelle maistre
Girard » (J. Labarte, *Inventaire. du mobilier de Charles V*, n° 1122)
et d'un parement ayant appartenu à une « chapelle de carème »
décrite dans les inventaires de Charles VI (Leber, ouvr. cité., t. XIX,
p. 224, et Gay, *Glossaire archéologique*, pp. 328-329).

Quant aux portraits des souverains, ils ont cette note d'humanité adoucie qu'on retrouve dans leur pendant en sculpture, les statues des Célestins [1]. Il semble bien que, dans ces dernières comme dans le *Parement de Narbonne*, tout décèle une origine parisienne.

On peut ainsi se rendre compte des progrès artistiques réalisés au temps de Charles V. Ce prince éclairé, ce « sage artiste », comme l'appelle Christine de Pisan, paraît n'avoir négligé aucune branche de l'art : l'inventaire de son mobilier en témoigne. En ce qui concerne la peinture, j'y ai relevé plus de vingt « tableaux », dont malheureusement un seul est indiqué avec le nom de l'auteur : c'est le polyptyque « que Girard d'Orléans fist ». Ce sont presque exclusivement des œuvres à sujets religieux : vie de la Vierge, Passion, « images » de saints. Deux diptyques semblent avoir été absolument semblables à celui que Jean d'Orléans exécuta pour Philippe le Hardi, vers 1383 [2]. Un tableau à quatre volets contenait les portraits de Charles V, de son oncle l'empereur d'Allemagne, de son père Jean le Bon et du roi Édouard d'Angleterre [3].

1. Les statues de Charles V et de sa femme, qui décoraient autrefois le portail de l'église des Célestins élevée par ce souverain, sont conservées à la basilique de Saint-Denis. Elles datent des mêmes années que le *Parement de Narbonne*.

2. Labarte, ouvr. cité, n°s 2769 et 2770.

3. *Ibid.*, n° 2217. — On a avancé que le portrait de Jean le Bon,

Mais ce genre ne représentait qu'une partie des peintures de l'époque. Que dire des fresques dont, hélas ! il ne subsiste qu'un faible souvenir ? Le « grand bâtisseur » qu'était Charles V a procuré aux artistes de vastes surfaces à décorer. A l'hôtel Saint-Pol, pour ne prendre qu'un exemple, il y avait la chambre de Charlemagne, celle de Matabrune, la salle de Thésée, ainsi dénommées parce qu'on y admirait, sur les murs, les gestes de ces personnages. Quant à la chapelle principale de la reine à cet hôtel, « il n'y en a point eu de plus magnifique, dit Sauval... Depuis le lambris jusques dans la voûte, étoit représenté sur un fond vert, et dessus une longue terrasse qui régnoit tout autour, une grande forêt pleine d'arbres et d'arbrisseaux, de pommiers, poiriers, cerisiers, pruniers et autres semblables, chargés de fruits et entre-mêlés de lis, de flambes, de roses et de toutes sortes d'autres fleurs ; des enfans répandus en plusieurs endroits du bois y cueilloient des fleurs et mangeoient des fruits ; les autres poussoient leurs branches jusques dans la voûte peinte de blanc et d'azur, pour figurer le ciel et le jour, et enfin le tout étoit de beau vert-gai, fait d'orpin et de florée fine. Outre cela, il [Charles V] fit peindre encore une petite allée par où

conservé à la Bibliothèque nationale, provenait de ce polyptyque, mais on n'en a pas de preuve.

passoit la reine pour venir à son oratoire de l'église
Saint-Paul. Là, de côté et d'autre, quantité d'anges
tendoient une courtine des livrées du roi ; de la voûte
ou, pour mieux dire, d'un ciel d'azur qu'on y avoit
figuré, descendoit une légion d'anges, jouant des instrumens et chantant des antiennes de Notre-Dame.
Le ciel, au reste, aussi bien de l'allée que de la gallerie,
étoient (*sic*) d'azur d'Allemagne, qui valoit dix livres
parisis la livre, et le tout ensemble coûta six-vingts
écus. Quant aux chapelles, Charles V enrichit la plus
grande du même hôtel Saint-Pol de douze figures de
pierre représentant les apôtres...; Charles VI depuis
les fit peindre richement par François d'Orliens, le
plus célèbre peintre de ce tems-là [1]... »

Un peintre de Charles V qu'il me reste à mentionner
est Jean de Bruges, de son vrai nom Jean de Bondolf.
On le trouve qualifié de peintre du roi, de 1368 à 1381.
Il a fait, en 1371, une curieuse miniature en tête d'une
Bible conservée aujourd'hui à La Haye. Cette miniature, signée de l'artiste, représente Charles V assis et
recevant le manuscrit des mains de son familier, Jean
de Vaudetar, agenouillé. Jean de Bondolf est en outre
l'auteur des cartons d'après lesquels le tapissier pari-

---

1. Sauval, *Histoire et recherches des antiquités de la ville de
Paris*, t. II, p. 281. — Il s'agit du peintre François d'Orléans, cité
plus haut.

sien Nicolas Bataille exécuta, de 1375 à 1380, sur
l'ordre du duc d'Anjou, les fameuses tapisseries de
l'Apocalypse, actuellement à la cathédrale d'Angers.
On sait que les sujets furent empruntés à des miniatures. Nous avons déjà constaté que Jean Coste avait
usé d'un procédé semblable.

Avec Charles VI, la personne royale s'efface au point
de vue artistique ; les ducs de Berry et de Bourgogne,
oncles du roi, passent au premier plan.

III

L'époque de Charles VI marque dans l'histoire de
l'art une date capitale. Lorsqu'on examine les œuvres
qui prirent naissance alors, en les comparant à celles
des temps antérieurs, il est impossible de ne pas être
frappé du caractère nouveau qu'elles offrent. Dans les
figures, les attitudes, dans l'ensemble de la composition passe comme un frisson de vie. C'est la vie vraie,
non plus la vie idéale que concevaient les vieux
artistes gothiques. L'horizon semble s'élargir : la
nature entre dans l'art de tous côtés. Les fonds d'or
ou d'ornements sur lesquels se détachaient les personnages ou les « ystoires » des anciens maîtres font
place à des échappées de campagne : le paysage apparaît. L'impression que l'on éprouve est assez sem-

blable à celle que doit ressentir un voyageur qui, après avoir parcouru de lointains pays, s'aperçoit, à un changement d'aspect, qu'il se rapproche du sien. En d'autres termes, le temps de Charles VI marque les débuts de l'art moderne, non pas que la nouvelle conception artistique, basée sur le rendu de la nature, soit née d'un seul coup à ce moment, mais c'est à cette époque qu'elle a produit toutes ses conséquences. Dès la première moitié du siècle, on s'aperçoit du changement qui va s'effectuer. Sous Jean le Bon, dont vous connaissez le saisissant portrait attribué à Jean Coste ou à Girard d'Orléans, sous Charles V, l'évolution s'accentue. Sous Charles VI, elle est consommée. Alors, en France, dans les Flandres, en Italie, c'est vraiment, comme dans la fraîcheur d'un matin de printemps, une floraison de belles œuvres. D'où est parti ce mouvement? Vous savez que la question a été et est encore passionnément discutée. Dans l'état actuel des connaissances, c'est aux artistes qui ont travaillé pour les ducs de Berry et de Bourgogne qu'il faut, semble-t-il, attribuer l'honneur de cet art en quelque sorte nouveau. A ce point de vue, on peut dire que c'est en France que la nouvelle formule a trouvé ses premières applications. Je n'ai pas à examiner ici la question dans son ensemble. Mon rôle doit se borner à démêler — tout au moins à essayer de démêler — la part qui revient au centre artistique parisien dans cette grande rénovation.

Si l'on a pu dire que « le quatorzième siècle fut un siècle d'argent, de jouissance positive et immédiate[1] », cette remarque s'applique particulièrement au règne de Charles VI. Paris était alors arrivé à un haut degré de prospérité. Un contemporain, Guillebert de Metz, y compte trois cent dix rues[2]. Pour cet auteur qui a vu les désastres de la fin du règne, l'année 1400 marque l'apogée de la ville : « *En l'an quatorze cent*, dit-il, et *quant la ville estoit en sa fleur*, passoient tant de gens toute jour sur ce pont [le Grand-Pont], que on y encontroit adez[3] ung blanc moine ou ung blanc cheval[4]. » Populeuse et animée, Paris était en outre une ville de luxe et de plaisirs. « L'en estimoit lor, ajoute notre chroniqueur, l'argent et pierreries estans aux reliques et vaissellement des églises... valoir ung grant royaume[5]. » On y admirait « la belle saunière, la belle bouchière, la belle charpentière et autres dames et damoiselles, la belle herbière et celle que on clamoit la plus belle, et celle

1. L. Courajod, *Leçons*, t. II, p. 48.
2. Guillebert de Metz, dans *Paris et ses historiens*, de Le Roux de Lincy et Tisserand, p. 220.
3. Toujours.
4. Guillebert, éd. cit., p. 160.
5. *Ibid.*, p. 232.

qu'on appeloit belle simplement[1] ». Déjà on considérait cette cité comme l'auberge des nations. Les souverains et princes étrangers venaient y séjourner; ils
y étaient reçus magnifiquement. La cour fastueuse du
jeune roi Charles VI exerçait un réel prestige. De
même que les grands seigneurs, les riches bourgeois
avaient des demeures somptueuses et où se manifes-
tait une recherche du confort, inconnue aux âges précédents. A côté du Louvre, des hôtels Saint-Pol, du
Petit-Musc, des Tournelles, de Bourbon, de Sicile,
d'Artois, de Navarre, de Flandre, d'Alençon, etc., on
remarquait ceux du marchand lucquois Digne Raponde, du changeur Bureau de Dammartin, d'un autre
banquier, Guillaume Sanguin, du financier Baillet,
enfin l'hôtel d'un clerc du roi en la Chambre des
comptes, maître Jacques Duchié. Guillebert a laissé
de cette demeure, située sur l'emplacement des Halles
centrales, une description intéressante : « La porte
duquel est entaillié de art merveilleux; en la cour
estoient paons et divers oyseaux à plaisance. La première salle est embellie de divers tableaux et escrip-
tures d'enseignemens atachiés et pendus aux parois.
Une autre salle, raemplie de toutes manières d'instrumens : harpes, orgues, vielles, guiternes, psalte-
rions et autres, desquelz ledit maistre Jaques savoit

1. Guillebert, éd. cit., p. 234.

jouer de tous. Une autre salle estoit garnie de jeux
d'eschez, de tables et d'autres diverses manières de
jeux, à grant nombre. Item une belle chappelle, où il
avoit des pulpitres à mettre livres dessus, de merveilleux art, lesquelx on faisoit venir à divers sièges,
loings et prés, à destre et à senestre. Item ung
estude, où les parois estoient couvers de pieres pre-
cieuses et d'espices de souefve oudeur. Item une
chambre où estoient fourcures de plusieurs manières.
Item plusieurs autres chambres, richement adoubez
de lits, de tables engigneusement entailliés et parés
de riches draps et tapis à orfrais. Item, en une autre
chambre haulte, estoient grand nombre d'arbalestes,
dont les aucuns estoient pains à belles figures. Là
estoient estendars, banières, pennons, arcs à main,
picques, faussars, planchons, haches, guisarmes,
mailles de fer et de plont, pavais, targes, escus,
canons et autres engins, avec plenté d'armeures; et
briefment il y avoit aussi comme toutes manières d'ap-
pareils de guerre. Item, là estoit une fenestre, faite de
merveillable artifice, par laquele on mettoit hors une
teste de plates de fer creuse, parmy laquele on regar-
doit et parloit à ceulx de hors, se besoing estoit, sans
doubter le trait. Item, par dessus tout l'ostel, estoit
une chambre carrée, où estoient fenestres de tous
costés pour regarder par dessus la ville. Et, quant on

y mengoit, on montoit et avaloit vins et viandes à une polie, pour ce que trop hault eust été à porter. Et, par dessus les pignacles de l'ostel, estoient belles vmages dorées. Cestui maistre Jaques Duchié estoit bel homme, de honneste habit et moult notable ; si tenoit serviteurs bien moriginés et instruis, d'avenant contenance, entre lesquelx estoit l'un maistre charpentier, qui continuelment ouvroit à l'ostel [1]. »

Il se dégage de la description de ces demeures, de celle aussi des solennités telles que les entrées de souverains, un vague parfum d'Orient. Pour Charles VI et sa cour, fréquentes étaient les occasions de réjouissances. Isabeau de Bavière était mariée depuis quatre ans, quand le roi décida qu'elle se rendrait solennellement à Paris pour s'y faire sacrer. La fête eut lieu le dimanche 22 août 1389. Le cortège, formé des litières et palefrois magnifiquement décorés de la reine, des princesses et des dames de la cour, qu'accompagnaient les princes du sang et grands seigneurs, partit de Saint-Denis, encadré par douze cents bourgeois de Paris, à cheval et ayant un costume pareil. A la bastide Saint-Denis, on avait représenté un ciel étoilé, dans lequel de jeunes enfants déguisés en anges chantaient. La fontaine de ce lieu était ornée d'un drap peint d'azur semé de fleurs de lis d'or, et

1. Guillebert, éd. cit., pp. 199-200.

avait sur ses piliers les armoiries des principaux
seigneurs du royaume ; elle donnait, au lieu d'eau, du
vin qu'offraient, en des coupes ou hanaps d'or, des
jeunes filles richement vêtues et qui chantaient. Un
peu plus loin, sous l'église de la Trinité, s'élevait une
estrade surmontée d'un château, entouré de guerriers
qui devaient, à l'arrivée du cortège, simuler le Pas
Saladin. A la seconde porte Saint-Denis, on pouvait
admirer le Paradis, sous l'aspect d'un château et d'un
ciel plein d'étoiles où trônait la Trinité, environnée
d'enfants figurant les anges Quand la reine passa, le
Paradis s'ouvrit : deux anges en descendirent et mirent
sur la tête d'Isabeau une couronne d'or garnie de
pierres précieuses. Froissart, qui était présent, rapporte son émerveillement devant les décorations de la
grande rue Saint-Denis : des deux côtés de cette voie
jusqu'à la Seine, les façades des maisons étaient cou-
vertes de draps de soie et de tapisseries de haute
lisse historiées, « dont, ajoute le chroniqueur, grant
plaisance et oubliance estoit au veoir ». A la porte du
Châtelet, s'offrait à la vue un château fort, aux
créneaux duquel apparaissaient des hommes d'armes ;
là se trouvait un lit splendidement orné qui simulait
le lit de justice et dans lequel gisait sainte Anne. Au
milieu de ce vaste château, on avait aménagé une
garenne et un bois peuplés de lapins, lièvres et oiseaux

de toutes sortes qui s'effaraient devant la foule. De ce bois, au moment du passage d'Isabeau, sortit un cerf blanc qui se dirigea vers le lit de justice et, du côté opposé, vinrent un lion et un aigle, tous fort bien imités. Puis, hors de la ramée, apparurent douze jeunes filles aux riches costumes, qui tenaient des épées nues et firent le geste de défendre le lit de justice et le cerf blanc contre le lion et l'aigle. Le Grand-Pont, où le cortège parvint ensuite, était admirablement décoré et tout couvert d'un ciel étoilé. De là, Isabeau fit son entrée à Notre-Dame, d'où elle sortit, pour être accompagnée, à la lueur de cinq cents cierges, — car la nuit était venue, — jusqu'au Palais où l'attendait le roi. Le lendemain, il y eut au Palais un grand dîner. A cinq heures, la reine, escortée de plus de mille cavaliers, s'en vint à l'hôtel Saint-Pol, où l'on soupa. Le surlendemain, les bourgeois de Paris firent des présents d'orfèvrerie au roi, à la reine et à la jeune duchesse de Touraine, Valentine de Milan. Ces cadeaux avaient coûté plus de 60 000 couronnes d'or. Je ne parlerai pas des joutes qui suivirent. Aux décorations faites à l'occasion de ces fêtes, un peintre, dont le nom va revenir, Colard de Laon, prit une grande part [1].

1. Sur ces fêtes, voir notamment Froissart, éd. Kervyn de Lettenhove, t. XIV, pp. 6-20.

Ville de luxe et de plaisirs, Paris était aussi un centre florissant d'études et une cité « engigneuse », comme on disait alors, c'est-à-dire riche en hommes ingénieux : savants docteurs, tels que Gilles Deschamps, Pierre Le Roy, Pierre d'Ailly ; prédicateurs éloquents, tels que Gerson, Jacques Le Grand, Renaud de La Marche, Eustache de Pavilly ; astrologues, médecins, chirurgiens, tels que maîtres Henri de Fontaines, Thomas de Saint-Pierre, Gilles Sous-le-Four ; beaux esprits, poètes, « clers de plaisant réthorique et éloquence », tels que Christine de Pisan, Laurent de Premierfait, traducteur de Cicéron et de Boccace et familier de l'hôtel de Bureau de Dammartin. Ces hommes ingénieux, c'étaient aussi des musiciens : « Guillemin Dancel et Perrin de Sens, souverains harpeurs, Cresceques, joueur à la rebec, Chynenudy, le bon corneur à la turelurette et aux fleutes[1] » ; c'était « le prince d'amours, qui tenoit avec lui musiciens et galans, qui toutes manières de chançons, balades, rondeaux, virelais et autres dictiés amoureux savoient faire et chanter et jouer en instrumens mélodieusement[2] » ; c'étaient d'« artificieux ouvriers », autrement dit des ouvriers d'art : orfèvres, tapissiers, chasubliers, gens de métier qui

1. Guillebert, éd. cit., p. 233.
2. *Ibid.*, p. 234.

travaillaient le bois, l'étain, etc., fortement organisés
en corporations ; c'étaient des écrivains qui couvraient
de belle gothique moulée les vélins dont sont formés
les livres somptueux de l'époque ; des calligraphes
comme Gobert, le maître qui composa *l'Art d'écrire*,
les deux Flamel, Sicart, copiste du roi d'Angleterre,
Guillemin du grand maître de Rhodes, Crespy du duc
d'Orléans, Perrin de l'empereur Sigismond. Car à
Paris, on s'approvisionnait, même de l'étranger, de
manuscrits de luxe qu'enluminaient des artistes dont
je vais parler.

Quoi de surprenant que, dans un semblable milieu,
l'art de peindre ait brillé d'un vif éclat ! Comparez à
ce milieu, en lisant par exemple Froissart, celui de
Gand ou de Bruges, au même moment. Il vous appa-
raîtra, par les rapprochements que vous serez ainsi
amenés à faire, qu'à Paris comme dans les Flandres,
l'heure était propice à une merveilleuse éclosion d'art.
Et cet art ne pouvait être qu'un art réaliste, reflet de
la vie ardente, magnifique et positive de l'époque.

Dans ce mouvement, deux hommes ont joué un
rôle des plus importants ; ce sont les oncles de
Charles VI : Jean, duc de Berry et Philippe le Hardi,
duc de Bourgogne. Ils ont été pour leur temps d'incomparables promoteurs d'art. Jean, duc de Berry,
avait, dit Froissart, « grandement sa fantasie de tous-

jours faire ouvrer de tailles et de pointures[1] ». Il
possédait, en dehors des fresques et sculptures qui
décoraient ses châteaux et hôtels, de splendides
collections de toutes sortes formées avec soin. On
en trouvera les inventaires dans la publication de
M. Jules Guiffrey citée au début[2]. Son éclectisme qu'on
loue beaucoup était une marque de l'époque. Nous
avons remarqué qu'alors régnait l'internationalisme
artistique. Le duc de Berry s'est adressé indifférem-
ment à des artistes de nationalité française, flamande
ou italienne. Mais il semble avoir fait une part assez
belle à l'école parisienne. On rencontre, dès 1369, à
son service un peintre, Étienne Lannelier, qu'on
croit pouvoir identifier avec Étienne Lenglier, qui est
nommé immédiatement après Jean d'Orléans, dans
les statuts de 1391. Cette même année 1369, le duc,
nous l'avons vu, utilise aussi ce dernier.

Un autre artiste, bien plus connu et dont heureusement il subsiste des œuvres, est André Beauneveu
de Valenciennes. « Maistre Andrieu », comme on
l'appelait, ne nous touche pas directement. Mais
qu'à un moment donné, il ait subi l'influence de

1. Froissart, éd. cit., t. XIV, p. 197.
2. Cf. aussi A. de Champeaux et P. Gauchery, *les Travaux d'art
exécutés pour Jean de France, duc de Berry, avec une étude biographique sur les artistes employés par ce prince* (Paris, 1894,
in-4°).

l'école parisienne, la chose peut, sinon être démontrée,
— on ne peut presque rien prouver en semblable
matière, — au moins pressentie. D'abord il a travaillé
longtemps en France, et non seulement pour Jean de
Berry, mais aussi pour le roi Charles V. En outre, il
était à la fois sculpteur et peintre, tout à fait dans la
note réaliste de son temps ; or cette note, chez lui,
a subi, dans certains cas, une atténuation qu'il est
permis d'attribuer à l'action du centre de Paris, alors,
semble-t-il, le moins réaliste des centres d'art français ou franco-flamands. Au risque d'être exposé à se
servir d'un vulgaire cliché, il faut faire entrer en
ligne de compte l'élégance parisienne, un souci de
l'harmonie des lignes, dont l'effet était d'adoucir le
réalisme d'école et qui se manifeste par exemple dans
le *Parement de Narbonne* et les statues des Célestins : Beauneveu paraît y avoir sacrifié de sa lourdeur
native et de sa crudité originelle.

André Beauneveu fut le maître des œuvres de taille
et de peinture de Jean de Berry, en d'autres termes
son sculpteur et son peintre. Le duc se plaisait à
deviser avec lui de ses projets artistiques ; il lui fit
sans doute décorer à la fois de fresques et de sculptures le château de Mehun-sur-Yèvre, non loin de
Bourges. De l'œuvre peinte de cet artiste, il nous est
parvenu vingt-quatre personnages : douze prophètes

et douze apôtres en vis-à-vis, qui illustrent les premiers feuillets d'un Psautier exécuté pour le duc de Berry, aujourd'hui manuscrit français 13091 de la Bibliothèque nationale. La représentation des prophètes et des apôtres, en sculpture comme en peinture, était une mode de l'époque. On les voyait même figurés dans les processions et le type sous lequel ils nous sont connus pour ce temps est précisément celui qu'on rencontre dans le Psautier. Dans ce volume, ils ont été peints en grisaille ; des teintes légères indiquent les carnations ; les têtes se détachent très réelles, très expressives, sans exagération de réalisme toutefois. Ce sont des personnages barbus, d'aspect rude. Les pieds et les mains ont été traités suivant le mode conventionnel ancien. Les plis des vêtements tombent en spirales. Ces personnages sont assis en de larges stalles, à décoration d'un genre composite qui se retrouve dans des peintures ou miniatures aussi bien italiennes que françaises ou flamandes, de la seconde moitié du quatorzième siècle et du premier quart du quinzième. On ignore la date exacte de ces miniatures. Ce qu'il y a de sûr, c'est qu'elles furent exécutées avant l'année 1402, car l'inventaire ducal dressé cette année-là les signale. Elles marquent, conjointement avec l'admirable *Parement de Narbonne*, dont elles se rapprochent du reste sans l'égaler, les débuts, les premiers pas de l'art moderne en peinture [1].

Si l'on ne saurait faire rentrer les prophètes et les apôtres du Psautier dans l'école parisienne, il est du moins possible de les y rattacher par quelque côté. Le lien avec cette école est plus étroit, en ce qui concerne un contemporain d'André Beauneveu, Jacquemart de Hesdin, dont la personnalité artistique ne se trouve dégagée que depuis peu de temps [2]. Il convient d'attribuer à ce dernier maître un certain nombre de miniatures des *Grandes* et *Petites Heures* du duc de Berry (à la Bibliothèque nationale, latin 919 et 18014). Le premier de ces deux magnifiques manuscrits fut achevé en 1409. Il est malheureusement mutilé : des quarante-cinq tableaux qui avaient été placés en tête des différentes parties du livre, vingt-huit seulement subsistent. Outre ces peintures, il y a des encadrements de page d'un art peut-être plus achevé : reportez-vous par exemple aux folios 18 v°, 19, 66, 75, etc., vous y remarquerez des œuvres d'un grand caractère, des têtes notamment, admirables de réa-

---

1. Sur André Beauneveu, voir notamment Dehaisnes, *Histoire de l'art dans la Flandre, l'Artois et le Hainaut, avant le quinzième siècle*, pp. 242 à 257; — Champeaux et Gauchery, ouvr. cité, pp. 92-98; — P. Durrieu, *les Miniatures d'André Beauneveu*, dans *le Manuscrit*, 1894; — Id., *Fondation Piot, Monuments et mémoires*, t. I, p. 183.

2. Cf. R. de Lasteyrie, dans *Fondation Piot, Monuments et mémoires*, t. III, p. 70.

lisme. L'imagination s'est donné libre jeu : voyez aux folios 47 v° et 63 des représentations satiriques contre l'Eglise et, au folio 42, une figuration d'un genre très gaulois. Les *Petites Heures* nous sont parvenues en bon état. Elles ont été achevées sans doute en 1402. On y admire des miniatures d'un fort beau modelé. Les petits oiseaux des marges sont d'une finesse et d'un faire incomparables.

Jacquemart passe aussi pour être l'auteur de plusieurs peintures qui ornent des Heures de Jean de Berry conservées à la Bibliothèque royale de Bruxelles, sous le numéro 11060 : il est permis en particulier de lui faire honneur des deux tableaux du début, où l'on voit le duc agenouillé devant la Vierge. A sa manière se rattache également un dessin du Louvre, à la plume, représentant la mort, l'assomption et le couronnement de la Vierge.

Nous ne savons pour ainsi dire rien de la vie de Jacquemart de Hesdin. Nous le rencontrons, comme André Beauneveu, au service du duc de Berry, dès l'année 1384. D'autre part, d'après la date d'achèvement des *Grandes Heures*, il aurait vécu au moins jusqu'en 1409 ou 1410. Et c'est à peu près tout. Quoi qu'il en soit, son œuvre est très apparentée à l'école parisienne. On a écrit que « cet artiste s'était très probablement formé sur les leçons de Jean de Bandol, dit Jean de Bruges[1] ». Je crois plutôt que ses vrais maîtres ont été les miniaturistes de l'école du *Bréviaire de Belleville*. Il importe du reste d'observer que ce manuscrit appartenait alors au duc de Berry et qu'il offre certains motifs d'illustration communs aux *Petites* et *Grandes Heures*.

C'est encore au goût du grand amateur Jean de Berry que nous devons les *Très riches Heures*. Ce livre est indiqué de la façon suivante, dans l'inventaire du duc, de 1416, dressé par conséquent l'année même de sa mort : « Item, en une layette, plusieurs cayers d'unes très riches Heures, que faisoient Pol et ses frères, très richement historiez et enluminez[2]... » On a identifié ces Heures avec un splendide manuscrit qui appartient au musée Condé à Chantilly et présente pour l'histoire artistique un intérêt exceptionnel. Qu'étaient « Pol et ses frères » ? Ils sont connus par d'autres mentions d'inventaires ou de comptes ducaux. Ils s'appelaient Pol de Limbourg, Jehannequin ou Hannequin et Hermant. On croit pouvoir les rattacher au Gueldrois Jean Malouel, peintre du duc de Bourgogne, Philippe le Hardi, et dont le talent paraît s'être, sinon formé, du moins développé à

1. Champeaux et Gauchery, ouvr. cité, p. 118.
2. Guiffrey, *Inventaires de Jean, duc de Berry*, t. II, p. 280, nᵒ 1161.

Paris. Qu'ils aient habité cette ville, qu'ils y aient
joui d'un grand renom, la chose n'est guère dou-
teuse. Guillebert de Metz cite en effet, parmi les
« artificieux ouvriers » qui illustraient la capitale
avant les calamités de la fin du règne de Charles VI,
« les trois frères enlumineurs[1] ». Or, on ne saurait
présentement appliquer cette mention qu'à nos artistes.
En 1411, ils figuraient dans l'entourage de Jean de
Berry, qui semble leur avoir témoigné un intérêt particulier. Tous trois étaient ses valets de chambre. Il leur
faisait des cadeaux et recevait à son tour des présents
d'eux. Même, en 1415, ils lui prêtèrent 1 000 écus
d'or. Les troubles de Paris déterminèrent probablement Pol à se retirer à Bourges. On trouve en tout
cas un peintre du duc « nommé Pol, natif du païs
d'Allemaigne », possédant dans cette ville un bel hôtel
que Jean de Berry lui avait concédé. Ce Pol, marié et
sans enfant, était mort depuis un certain temps déjà
en 1434.

Des miniatures qui décorent le manuscrit de Chantilly, une partie seulement remonte à l'époque où « Pol
et ses frères » « faisoient » les *Très riches Heures*,
c'est-à-dire à l'année 1416. L'illustration, en cours
à cette date, ne fut complétée que plus tard, vers 1485,

---

1. Guillebert, éd. cit., p. 233.

pour le duc Charles de Savoie, par un enlumineur qu'on suppose être Jean Colombe, de Bourges.

Les peintures attribuées à Pol de Limbourg et à ses frères ont, à l'aurore du quinzième siècle, la grâce d'une annonciation : au charme surprenant, à la fraîcheur réaliste de ces tableaux : *la Fenaison*, *la Tonte des moutons*, *les Semailles*, *la Chasse*, etc., on sent qu'approchent les chefs-d'œuvre d'une époque « qui fit refleurir pour la seconde fois la beauté dans le monde [1] ». C'est une véritable initiation à l'art moderne. Au même moment travaillent Hubert et Jean van Eyck. Mais leur manière est moins composite que celle de « Pol et ses frères ». L'œuvre de ces derniers présente encore le caractère international dont j'ai parlé ; elle trahit des influences diverses : dans l'ensemble, c'est de l'art français, parisien même, peut-on ajouter, puisque les trois frères étaient fixés et renommés à Paris, en un temps de splendeur pour l'école de cette ville ; seulement les artistes sont de tempérament flamand.

D'autres miniatures des Heures de Chantilly, qu'on croit avoir été exécutées aussi par « Pol et ses frères », se rattachent à l'Italie. Il n'y a pas lieu d'en être surpris, les rapports entre ce pays et la France étant

---

1. Anatole France, *Vie littéraire*, t II, p. 294.

devenus particulièrement étroits, à la fin du quatorzième siècle et au commencement du quinzième,
à la suite des entreprises du duc d'Orléans et de
Charles VI ainsi que de la maison d'Anjou dans la
Péninsule. La scène de *la Présentation au temple*, dans
le manuscrit du musée Condé, figure déjà parmi les
fresques de Giotto, du début du quatorzième siècle, à
l'*Arena* de Padoue; on la retrouve ensuite dans la
série de peintures dont l'élève de ce maître, Taddeo
Gaddi, orna, vers 1340, la chapelle des Baroncelli, à
l'église *Santa Croce* de Florence[1]; elle se voit enfin
dans une autre partie de la même église, la chapelle
Rinuccini décorée, vers 1365, par le peintre Giovanni
da Milano. On a parlé également d'influence italienne
à propos du genre d'architecture qui se remarque dans
la scène du *Paradis terrestre*; il a été signalé, pour le
même tableau, une curieuse analogie entre l'Adam
agenouillé et une statue antique. On a relevé comme
dénotant aussi des relations avec l'Italie, un plan de
Rome figuré dans une autre illustration des Heures. Il
n'est pas douteux qu'au point de vue de la manière
générale, on ne puisse établir certains rapprochements
entre plusieurs de ces miniatures et des peintures d'artistes italiens du quatorzième siècle ou du début du

1. Un dessin du temps, de *la Présentation au temple* de Taddeo
Gaddi, est conservé au musée du Louvre.

quinzième, tels que Jacopo Avanzi, Giottino, Taddeo di Bartolo, Gentile da Fabriano, Ottaviano Nelli, etc. Mais ces rapprochements ne sauraient servir qu'à dégager le côté commun de l'art de l'époque. N'oublions pas à ce sujet que le duc de Berry entretenait de fréquents rapports avec des marchands, artistes et ouvriers d'Italie. Il en a eu même plusieurs à son service. Au temps où « Pol et ses frères » illustrent les *Très riches Heures*, Pierre de Vérone « se mesle... de gouverner la lybrairie de Monseigneur de Berry ».

Je ne m'étendrai pas plus longuement sur le manuscrit de Chantilly, vous renvoyant à l'étude, accompagnée de reproductions, que M. Paul Durrieu fera prochainement paraître sur ce livre si précieux. Toutefois je dois indiquer l'intérêt qu'offrent les vues d'édifices qu'on rencontre dans ces Heures et dont l'exactitude a été constatée. L'une des miniatures a comme fond le Louvre et le Palais; il a été montré que cette vue avait été prise d'une fenêtre de l'hôtel de Nesle (du côté de la bibliothèque Mazarine), la résidence préférée de Jean de Berry à Paris. On a également reconnu le Mont-Saint-Michel, le château de Poitiers, celui de Saumur, qu'on croyait d'abord être Bicêtre, la demeure de banlieue du duc, si l'on peut ainsi dire, toute peuplée d'œuvres d'art et qu'il eut la

douleur de voir détruire par les bandes de la faction
bourguignonne.

A côté de Jean de Berry, il faut placer son frère
Philippe le Hardi, duc de Bourgogne. A ce prince se
rattache la formation de l'école de Dijon, le second
en date des grands centres artistiques de l'époque. Je
n'ai pas à en étudier les origines ; vous savez la grande
part qui y revient à la sculpture ; vous connaissez les
admirables monuments exécutés pour la chartreuse de
Champmol-lez-Dijon : le tombeau de Philippe le Hardi,
les statues du portail de l'église et en particulier le
puits de Moïse, œuvre étonnante d'un Hollandais, Claux
Sluter qui, deux siècles et demi avant Rembrandt, nous
donne, pour ainsi dire, en sculpture, la vision d'art
de ce prodigieux artiste. L'école bourguignonne nous
est surtout connue comme une école de sculpture.
Son originalité en peinture fut bien moindre, si l'on
en juge tout au moins d'après ce que le temps a
épargné. Cette peinture procède de deux sources :
l'une parisienne et l'autre, la principale, flamande.

Paris intervient dès le début. C'est dans cette ville,
en 1375, que Philippe le Hardi prend à son service le
peintre Jean de Beaumetz, qui travailla ensuite à
Dijon. Cet artiste, originaire du nord de la France et
venu à Paris à une époque que l'on ne saurait préciser,
peut être l'auteur d'une *Pietà*, de forme ronde, con-

servée au musée du Louvre : le Christ soutenu par son
Père, avec la Vierge, saint Jean et des anges. Ce
tableau parait trahir certaines influences parisiennes.
Nous savons que Jean de Beaumetz a pu subir aussi
l'influence d'André Beauneveu. Vers 1393, le duc de
Bourgogne l'envoya à Mehun-sur-Yèvre, château de
Jean de Berry, où travaillait Beauneveu. Jean de
Beaumetz mourut en 1397.

Il fut remplacé comme peintre de Philippe le Hardi
par Jean Malouel, appartenant à une famille guel-
droise et qui semble avoir fait également à Paris une
partie de son éducation artistique. On lui attribue
plusieurs peintures : notamment la *Pietà* que je viens
de signaler et un autre tableau du Louvre, *le Martyre
de saint Denis*, qui décèle plus peut-être que le premier
l'action du centre parisien : on y remarque des parties
très fortes, principalement le groupe des personnages
de droite où se voient des physionomies, ainsi celle
d'un homme qui a les doigts sur la bouche, dignes des
van Eyck, moins le coloris. Jean Malouel est mort
en 1415.

Il n'est pas jusqu'à Melchior Broederlam, d'Ypres,
un autre peintre de Philippe le Hardi, dont la carrière
ne touche par un point à Paris. Le duc fit séjourner
Melchior, comme on disait alors, durant quelque
temps dans cette ville, entre les années 1390 et 1393.

C'est à Paris, le dernier jour de février 1392, qu'il
passa avec lui le marché touchant la peinture du
retable sculpté par Jacques de Baers pour la chartreuse de Champmol. On sait que cette peinture ne
fut achevée que vers 1399. L'œuvre est actuellement
conservée au musée de Dijon. Son importance et sa
haute valeur ont été unanimement reconnues. Sur les
volets du retable, Broederlam a figuré *l'Annonciation*, *la Visitation*, *la Présentation au temple* et
la Fuite en Égypte. Il est des parties de ces scènes
qui sont comparables, à tous points de vue, à l'art posté-
rieur des van Eyck. De même en effet que la sculpture
du retable se rattache essentiellement aux Flandres, la
peinture des volets a, dans son ensemble, un caractère
flamand nettement accusé, mais qui n'exclut pas des
rapprochements avec l'art français ou parisien et aussi
avec l'art italien, tant il est vrai qu'une analyse appro-
fondie des œuvres de cette époque témoigne de
l'internationalisme dont j'ai plusieurs fois parlé. La
souche artistique est commune; l'air est le même, en
d'autres termes, mais il n'est pas joué de semblable
façon. Certains détails d'architecture, dans ces volets,
certaines couleurs roses et claires des édifices rap-
pellent l'Italie, tandis qu'une réelle pondération dans
le rendu des types, dans le jet des draperies, pourrait
révéler une influence parisienne. La composition des

quatre scènes est admirablement comprise. Le tableau
de *la Présentation au temple* est presque parfait ;
l'Enfant Jésus, comme de coutume du reste dans l'art
de ce temps et aussi chez les van Eyck, seul laisse à
désirer ; les têtes des deux vieillards en particulier sont
d'un admirable modelé et d'un scrupuleux réalisme.
Dans *la Fuite en Egypte*, le saint Joseph qui a la
gourde à la bouche mérite d'être retenu. Les détails
des vêtements ainsi que des fleurettes et feuilles ont
été reproduits avec soin, comme dans le retable de
Saint-Bavon. On n'en sent pas moins, en comparant les
volets de Dijon au retable de Gand, qu'il y a eu progrès, à la fois dans le coloris devenu uniformément
plus éclatant et plus fondu, dans la correction du
dessin, l'harmonie de la composition et l'observation
de la nature. Ces perfectionnements sont dus, suivant
l'état actuel de nos connaissances, à des artistes
flamands : Hubert et Jean van Eyck.

J'ai parlé d'influence italienne, à propos des peintres de Philippe le Hardi. Il ne faut pas perdre de vue
que ce prince, comme son frère Jean de Berry, a eu
des rapports divers avec l'art italien. Nous savons, par
exemple, que le marchand lucquois Jacques Raponde,
établi à Paris et frère de Digne déjà cité, fournissait à
Philippe le Hardi des manuscrits à peintures. Ces
Raponde avaient obtenu de Charles VI, en 1384, des

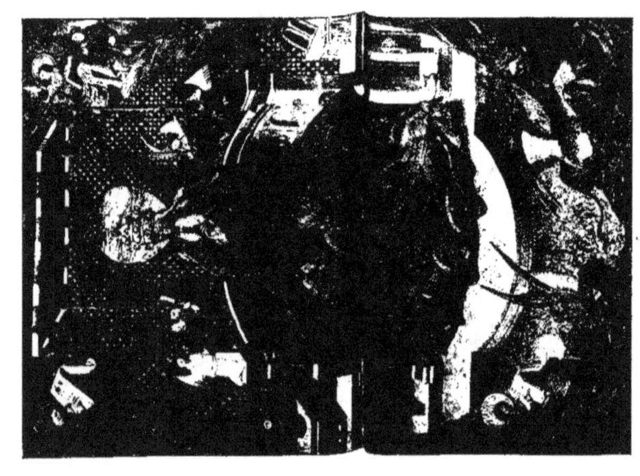

MINIATURE D'UN MISSEL DE SAINT-MAGLOIRE (à PARIS)

Début du quinzième siècle — Manuscrit n° 827 de la Bibliothèque de l'Arsenal

lettres de naturalisation. Ce furent des hommes de confiance des ducs de Bourgogne.

A Paris, à la fin du quatorzième siècle et au commencement du quinzième, les peintres et miniaturistes ne manquaient pas. Je me bornerai, comme je l'ai fait précédemment, à mentionner ceux de ces artistes sur lesquels on sait quelque chose.

Jacques Cône ou mieux Coene, originaire de Bruges, se trouvait, en 1398, fixé à Paris, où il demeura au moins durant une quinzaine d'années. En 1399, il avait été mandé à Milan par la fabrique du dôme de cette ville; mais il n'y séjourna que fort peu de temps. Il est plutôt qualifié de peintre que d'enlumineur. Il avait des élèves. On lui a attribué les miniatures des Heures du maréchal de Boucicaut, manuscrit appartenant à Mme Edouard André et qui figure à l'Exposition de la rue Vivienne, sous le numéro 86. Vous y observerez les portraits du maréchal et de sa femme qui témoignent d'un remarquable talent.

A côté de lui, il est permis de placer le miniaturiste Haincelin de Haguenau, établi à Paris, semble-t-il, en 1404. Il paraît s'être préoccupé de rendre la nature, les scènes champêtres. On a attribué à son atelier les illustrations du *Livre de Chasse* de Gaston Phœbus (Bibliothèque nationale, fonds français, n° 616).

Enfin une place à part revient à Colard de Laon, dont nous avons déjà rencontré le nom à l'occasion des fêtes de l'entrée d'Isabeau à Paris. On le trouve demeurant dans cette ville dès 1376 ou 1377 : il travaille alors pour le duc de Bourgogne, de même qu'en 1383-1384, 1396-1397, 1400-1401, 1409. En 1383, il est occupé par le roi, sa cour et ses oncles : il peint sur des cierges des armoiries et des devises. En 1390, il est qualifié de peintre et valet de chambre du frère du roi, Louis, duc d'Orléans ; de même en 1401 et en 1403. En 1391, 1394, 1411, il est désigné avec le titre de peintre et valet de chambre du roi. Des documents de 1396 et 1399 nous le montrent remplissant cette double fonction à la fois auprès de Charles VI et de son frère. En 1397, on lui commande, pour Louis de France, qui vient de naître, « un tableau où est en painture saint Loys de France et saint Loys de Marceille, qui est attachée au chevet » du lit de l'enfant. La même année, il est dit dans un texte avoir « mis à point uns tableaux qui furent apportez d'Allemangne ». En 1400, il fait des cartons de tapisseries pour la reine. En 1405-1406, il peint un tableau destiné au Parquet du Parlement. Il a donc joui d'une longue vogue. Son nom figure le troisième sur la liste des principaux peintres parisiens, jointe aux statuts de 1391. Colard de Laon nous apparaît surtout sous l'aspect d'un artiste décorateur; il semble s'être principalement occupé d'art industriel : son talent fut mis à profit à l'occasion de fêtes diverses, telles que celles qui eurent lieu à Saint-Denis, en mai 1389, pour la chevalerie de Louis et Charles d'Anjou et celles qui marquèrent, au mois d'août suivant, l'entrée d'Isabeau de Bavière à Paris. Un peu plus tard, Colard fut employé aussi en cette qualité par plusieurs des seigneurs qui se préparaient, comme pour une chevauchée de plaisir, à l'expédition que la défaite de Nicopolis, en 1396, devait rendre si malheureuse : le comte de Nevers, futur Jean sans Peur, le sire de Coucy, l'amiral Jean de Vienne, Guy de la Trémoille, Regnault de Roye, laissèrent aux mains des Turcs des armures, des tentes, des oriflammes décorées par notre artiste. Ce dernier paraît même avoir été un véritable brasseur d'affaires : il se livra à des opérations financières plus ou moins véreuses et obtint à ce sujet des lettres de rémission datées du 14 janvier 1408[1]. Le 27 mai 1417, il est question de sa veuve et de ses héritiers.

Nous sommes arrivés à un moment de l'histoire de Paris particulièrement désastreux. C'est l'époque des guerres civiles : Armagnacs et Bourguignons se disputent la capitale, que les Anglais ne tardent pas à venir occuper. Les chroniques du temps, comme le

1. Publiées en partie dans Fagniez, ouvr. cité, t. II, p. 191.

Journal d'un bourgeois de Paris [1], contiennent des tableaux navrants de la désolation de la cité. Alors se produit dans le mouvement artistique un déplacement dont on pourrait citer d'autres exemples, à la suite des mêmes causes. Des artistes quittent la ville bouleversée et suivent dans les provinces le roi de France qui n'est plus que le roi de Bourges ou les grands seigneurs pour lesquels ils travaillaient. Nous avons déjà relevé le départ probable de Pol de Limbourg pour Bourges. Des centres artistiques formés autour de corporations locales et que Paris avait éclipsés jusqu'à ce jour, empruntent à cet exode des éléments de vitalité qui ne tarderont pas à en faire d'importantes écoles. On n'a pas assez remarqué, à mon avis, la part qui revient ainsi au centre parisien, dans la formation d'écoles telle que celle de la Loire.

Il ne faudrait pas s'imaginer cependant que toute vie artistique fût éteinte dans la capitale. Bien des artistes continuèrent à y séjourner. On peut juger, à l'Exposition de la rue Vivienne, de leur talent par un magnifique manuscrit décoré de très nombreuses miniatures : le Bréviaire de Salisbury (latin 17294 de la Bibliothèque nationale, n° 106 à l'Exposition). Ces

---

1. Édité par A. Tuetey, pour la Société de l'Histoire de Paris (Paris, 1881, in-8°).

miniatures, d'un art réaliste fort savoureux, ont été exécutées, sans doute par des enlumineurs parisiens, pour le duc de Bedford, frère de Henri V et régent à sa mort. Il est permis d'assigner comme date à cette belle œuvre le second quart du quinzième siècle. A ce Bréviaire on rattache un groupe de manuscrits à peintures, parmi lesquels je me bornerai à citer le Missel de Jacques Jouvenel des Ursins, qui appartenait à la bibliothèque de l'Hôtel de ville détruite en 1871. On a heureusement reproduit, dans l'ouvrage de Le Roux de Lincy et Tisserand : *Paris et ses historiens*, quelques-unes des illustrations de ce livre splendide : elles renferment de curieuses vues de Paris, notamment celle de la place de Grève, avec la vieille maison aux Piliers [1].

La forme d'art caractérisée par le Bréviaire de Salisbury s'est maintenue à Paris durant tout le quinzième siècle, avec une note encore plus réaliste sous Louis XI, au contraire, vers la fin du siècle, avec un certain adoucissement amené par la nouvelle formule qui, en France, a trouvé tout d'abord son expression dans l'école de la Loire après Fouquet et dans celle de Moulins.

L'école de la Loire, celle de Moulins ou du Bourbon-

1. A.-F. Didot, *Missel de Jacques Juvenal des Ursins* (Paris, 1861, in-8°).

nais, celle de Provence : voilà les trois foyers dont
l'éclat semble être le plus vif. A l'école de la Loire
est attaché le grand nom de Fouquet. Je n'ai pas à
parler de cet artiste ; il vous est loisible de l'apprécier
et de le goûter à l'Exposition des Primitifs. Je me contenterai d'observer qu'il ne s'est pas confiné à Tours :
il voyageait ; il est allé jusqu'en Italie ; il est venu à
Paris. Des vues de cette ville figurent dans ses
œuvres[1]. On a même prétendu qu'il s'était formé à
l'école de Pol de Limbourg. Ce qu'il y a de certain, c'est que son art se rapproche par endroits
de celui de « Pol et ses frères ». Je ne sais si
l'on a déjà remarqué qu'il existait à Paris, sous
Charles VI, un chasublier du nom de Jean Fouquet,

1. Cf. A. Babeau, *Note sur quelques vues de Paris figurant dans
des miniatures attribuées à Jean Fouquet*, dans *Bulletin de la
Société de l'Histoire de Paris*, 1897, p. 42. — Un missel du
quinzième siècle, conservé à la Bibliothèque de Châteauroux, contient
des vues du Parvis Notre-Dame, de la Sainte-Chapelle, du Charnier
des Innocents, etc. (Champeaux et Gauchery, ouvr. cité, p. 161).
Une vue de Paris avec le Châtelet et la Bastille, faisant partie d'un
manuscrit de Froissart de 1469, qui se trouve à la Bibliothèque de
Breslau, a été signalée par M. Salomon Reinach, à une séance de
l'Académie des inscriptions et belles-lettres (Cf. *Journal officiel* du
16 février 1904). On sait que le tableau du Palais de justice, actuellement à l'Exposition des Primitifs, offre, comme fond, une vue du
Palais, de la porte et de la tour de Nesle, du Louvre ainsi que du
Petit-Bourbon. Il serait intéressant de former un recueil de reproductions des vues de Paris qui figurent dans les anciennes peintures
et miniatures.

qui mourut en 1418 ou 1419[1]. J'ignore s'il a eu quelque lien avec l'admirable enlumineur. Quant à Bourdichon, dont la manière est largement représentée à l'Exposition de la rue Vivienne, il a eu, à n'en pas douter, des rapports avec le milieu parisien de la fin du quinzième siècle et du commencement du seizième. Que vous dire de l'énigmatique maître de Moulins qu'on a essayé d'identifier avec Jean Perréal ou Jean de Paris, grand artiste dont on ne sait rien ?

Le centre de Paris n'a point cessé pourtant, à côté de ces écoles, d'avoir sa vie propre. Nous avons vu qu'au milieu des pires désastres du commencement du siècle, les artistes parisiens travaillaient : les princes anglais établis dans cette cité remplaçaient pour eux la cour royale émigrée dans la région du Centre. Après la reprise de la ville par Charles VII, après les guerres anglaises, le développement de notre centre s'accrut, et si les rois préféraient au séjour de la capitale celui des bords de la Loire, nos artistes n'étaient pas moins actifs, décorant de miniatures de nombreux manuscrits, puis, à la suite de l'introduction de l'imprimerie, remplaçant, dans les livres, ces enluminures par des gravures sur bois d'un art quelquefois très réaliste, d'autres fois aussi, plus

1. Bordier, ouvr. cité, pp. 163-164.

mesuré et plein de charme. C'est l'époque où fleurissent les miniaturistes du genre de Jacques de Besançon[1]. De ce temps également, nous avons différents tableaux dont un, du musée du Louvre, exposé au pavillon de Marsan : *la Déposition de croix*, provenant de Saint-Germain-des-Prés, avec, dans les fonds, une vue de l'abbaye, du Louvre et du Petit-Bourbon dominés par le monastère de Montmartre, — belle œuvre conçue un peu dans la donnée de l'école de la Loire.

La Renaissance approche, qui va faire dévier l'art français. Mais cet art restera vivace dans les merveilleux portraits du seizième siècle dont vous pouvez admirer des spécimens à l'Exposition des Primitifs et sous la vision desquels je voudrais vous laisser, au terme de cette étude.

1. P. Durrieu : *Un grand enlumineur parisien au quinzième siècle : Jacques de Besançon et son œuvre* (Paris, 1892, in-8°). Bien des opinions émises dans ce travail sont contestées. — Cf. sur Jacques de Besançon, dans Bordier, ouvr. cité, pp. 141, 145, 146, des documents que M. Durrieu semble n'avoir pas connus. — Sur les enlumineurs parisiens, voir Ph. Renouard, *Documents sur les imprimeurs, libraires. . enlumineurs... ayant exercé à Paris de 1450 à 1600* (Paris, 1901, in-8°; publication de la Société de l'Histoire de Paris).

FIN

PARIS

IMPRIMERIE DE J. DUMOULIN

5, RUE DES GRANDS-AUGUSTINS, 5

différents mss de Belgique et de Hollande. — IX. Un livre de peinture
exécuté en 1250 dans l'abbaye de Saint-Denis. — X. Les Éthiques, les
Politiques et les Économiques d'Aristote traduites et copiées pour
Charles V. — XI. Le livre d'heures du duc de Berry conservé dans la
famille d'Ailly. — XII. Le livre d'heures du duc de Berry conservé à
Bruxelles. — XIII. La bibliothèque d'Anne de Polignac et les origines
de l'imprimerie d'Angoulème. — XIV. La Bible de Charles le Chauve
lacérée en 1706, restaurée en 1878. — XV. Mss divers acquis par la
Bibliothèque nationale en 1877, 1878 et 1879.

Fac-similés dont se compose l'Atlas : Pentateuque de Lyon en écri-
ture onciale du sixième siècle (2 pl.). — Papyrus de Saint-Bénigne
de Dijon (2 pl.). — Charte d'Algare, évêque de Coutances vers l'année
1140. — Livre copié en 1350, à Saint-Denis. — Premières impres-
sions d'Angoulème au quinzième siècle (4 pl.).

**Catalogue des manuscrits de la bibliothèque de l'Ecole
des beaux-arts**, rédigé par Eugène Muntz. In-8. . . . **1 50**

Les Origines de l'art hollandais. Essai de critique, par
A. Pit, Paris. In-12, 112 pages **3 50**

Jusqu'ici l'art précurseur de la grande École hollandaise du dix-
septième siècle a été injustement négligé par les historiens. Dès le
quinzième siècle le caractère moyen des œuvres de l'art hollandais
s'affermit et possède un cachet propre qui le distingue de la peinture
flamande. L'auteur, pour arriver à ces très neuves conclusions, étudie
attentivement les manuscrits et les toiles des primitifs.

Louis Courajod. — **La Part de la France du Nord dans
l'œuvre de la Renaissance.** In-8, fig. . . . . **3** »

Les Origines de la Renaissance en France aux quatorzième et quinzième siècles. In-8, fig. **1 50**

— **La Sculpture à Dijon. L'École bourguignonne** à la fin
du quatorzième et pendant le quinzième siècle. In-8, fig. **1 50**
— **Quelques monuments de la sculpture française** des
quinzième et seizième siècles. In-8, fig. **1 50**

— **La Sculpture française avant la Renaissance clas-
sique.** In-8, fig. . . . . **3** »

Nous possédons en magasin tous les travaux de feu Louis Courajod,
qui fut le précurseur de ce grand mouvement actuel en faveur des
primitifs français et les distingua le premier des œuvres flamandes et
italiennes.

Dictionnaire des sculpteurs de l'école française, du
moyen âge au règne de Louis XIV, par Stanislas Lami, préface
de Gustave Larroumet. Fort volume in-8, viii-584 pages. **15** »

« ... Ce livre est le premier de son espèce... Depuis le commencement du siècle, une vaste enquête se poursuit sur l'histoire de l'art
français. Une laborieuse école de chercheurs remet en lumière ses
vieux titres, si longtemps traités avec le plus injuste dédain. Un
répertoire alphabétique, réunissant les résultats partiels de son enquête nous manquait encore. Pour s'éclairer sur les noms et les

œuvres, pour préciser les moindres recherches, il fallait beaucoup de
livres et beaucoup de temps. M. S. L... met ce répertoire à notre dis-
position pour la sculpture... Il nous présente sous la forme commode
du dictionnaire l'état des résultats acquis ; il résume, en y mettant
du choix et de la lumière, la plus touffue et la plus confuse bibliographie : il permet d'apprécier d'un coup d'œil l'énorme labeur par
lequel, en ce siècle, mille ans de production artistique ont enfin reçu
de nos érudits la justice et l'admiration à laquelle ils ont droit : il
réunit les arguments de fait sur lesquels s'appuie la thèse des Viol-
let-le-Duc et des Courajod... » (Extrait de la préface de Gustave
Larroumet.)

**Description des peintures et autres ornements con-
tenus dans les manuscrits grecs de la Bibliothèque
nationale**, par H. Bordier, Paris. In-4, viii-336 pages, planches,
fac-similés. . . . . **30** »

Ce répertoire est un véritable trésor pour l'archéologue, l'historien
et le lettré à notre époque, où Byzance est l'objet de tant de curiosité.

Croyances et légendes du moyen âge, par Alfred Maury.
Nouvelle édition des fées du moyen âge et des légendes pieuses,
publiée d'après les notes de l'auteur par MM. Auguste Longnon et
G. Bonet-Maury, avec une préface de M. Michel Bréal. In-8,
lv-459 pages, portrait. . . . . **12** »

Par la méthode, l'étendue de l'érudition, ce livre est une véritable
encyclopédie des croyances et des légendes du moyen âge et pourrait
tenir lieu de toute une bibliothèque.

**Les Plus Anciens Monuments de la typographie pari-
sienne**. Préfaces typographiques des premiers livres sortis des
presses de Sorbonne (1470-1472). Recueil de 86 fac-similés précédé
d'une introduction par Pierre Champion. Texte et planches sur
papier simili-japon dans un carton in-4. 50 exemplaires sont mis
dans le commerce au prix de. . . . . **50** »

Les préfaces typographiques des livres sortis des presses de Sorbonne, présentées ici dans leur ensemble, pour la première fois, sont
des monuments d'un grand intérêt pour l'histoire des débuts de l'imprimerie à Paris et de la réforme intellectuelle qui en fut la consé-
quence. Ces épîtres, lettres-préfaces, poésies ont pour auteur de véri
tables humanistes comme Guillaume Fichet, Jean Heynlin, Robert
Gaguin, Pierre-Paul Vieillot. Leur importance littéraire, considé-
rable, nous fait comprendre mieux la renaissance des lettres à Paris
sous le règne de Louis XI. C'est d'ailleurs dans ce but que l'on a
rassemblé ces morceaux et aussi comme types des premières impres-
sions parisiennes, qui du premier coup furent correctes et atteignirent
à la perfection typographique. Ces dédicaces nous renseignent également sur les conditions où débuta l'imprimerie à Paris. Ce fut une
entreprise privée qui ne reçut aucune protection officielle : les remer-
ciements que nous donnons en sont le meilleur témoignage et nous
montrent dans quel milieu il convient de chercher les protecteurs de
Jean Heynlin et Guillaume Fichet, qui installèrent à Paris les imprimeurs allemands.